Dr. Michael Schmitz

Der Aktenvortrag im Strafrecht

4. Auflage 2010

ISBN 978-3-86724-141-0

4. Auflage 2010

© 2010 niederle media

Bezug möglich direkt vom Verlag
niederle media
48341 Altenberge
Fax (02505) 93 98 99
E-Mail: info@niederle-media.de
www.niederle-media.de

▶ Inhalt

▶ Vorwort

Dieses Skript ist gedacht als Leitfaden für Referendare, deren Ziel es ist, sich die Technik des strafrechtlichen Aktenvortrags anzueignen.

Im ersten Teil dieses Skripts wird abstrakt erklärt, was insbesondere bei der Vorbereitung und beim Aufbau eines strafrechtlichen Aktenvortrags zu beachten ist.

Im zweiten Teil des Skripts befinden sich sieben Fälle, die Original-Examensvorträgen nachgebildet wurden und dem Leser zeigen, wie ein solcher Vortrag konkret aussehen kann.

Neu ist ein zweiter Beispielsfall mit einer **anwaltlichen Aufgabenstellung**, da die Prüfungsordnungen vermehrt solche Vorträge vorsehen.

Der Vorteil dieses Skripts ist nicht allein sein erschwinglicher Preis. Auch die komprimierte, auf das Wesentliche reduzierte Darstellung ist sehr nützlich, da sie hilft, den Überblick zu bewahren und nicht in der Flut des Stoffs zu „ertrinken".

Durch meine mehrjährige Erfahrung als Leiter von strafrechtlichen Referendar-Arbeitsgemeinschaften bei der Staatsanwaltschaft Osnabrück sowie als Prüfer im zweiten Juristischen Staatsexamen ist mir außerdem bekannt, wo bei Referendaren erfahrungsgemäß „der Schuh drückt".

Für Ihren eigenen Aktenvortrag, insbesondere im Examen, wünsche ich Ihnen alles Gute,

Dr. Michael Schmitz

▶ Unsere 📖 Skripten 📑 Karteikarten 🎧 Hörbücher (CD & MP3)

Zivilrecht

- 📖 Standardfälle für Anfänger 📖 Standardfälle Fortg. (7,9 €)
- 📖 Grundlagen und Fälle BGB für 1. und 2. Sem. (9,90 €)
- 📖 🎧 Standardfälle BGB AT (7,90 €)
- 📖 🎧 Standardfälle Schuldrecht (7,90 €)
- 📖 Standardfälle Ges. Schuldverh., §§ 677, 812,823 (7,90 €)
- 📖 🎧 Standardfälle Sachenrecht (7,90 €)
- 📖 🎧 Standardfälle Familien- und Erbrecht (7,90 €)
- 📖 Originalklausuren Übung für Fortgeschrittene (7,90 €)
- 📖 🎧 Basiswissen BGB (AT) (Frage-Antwort) (7 €)
- 📖 🎧 Basiswissen SchuldR (AT) 📖 🎧 SchuldR (BT) (7 €)
- 📖 🎧 Basiswissen Sachenrecht, 📖 🎧 FamR, 📖 🎧 ErbR
- 📖 Einführung in das Bürgerliche Recht (7,90 €)
- 📖 Studienbuch BGB (AT) (9,90 €)
- 📖 Studienbuch Schuldrecht (AT) (9,90 €)
- 📖 Schuldrecht (BT) 1 - §§ 437, 536, 634, 670 ff. (7,90 €)
- 📖 Schuldrecht (BT) 2 - §§ 812, 823, 765 ff. (7,90 €)
- 📖 SachenR 1 – Bewegl. S., 📖 SachenR 2 – Unb. S. (7,9 €)
- 📖 Familienrecht und 📖 Erbrecht (Einführungen) (7,90 €)
- 📖 Streitfragen Schuldrecht (7 €)
- 📖 🎧 Definitionen für die Zivilrechtsklausur (9,90 €)

Strafrecht

- 📖 🎧 Standardfälle für Anfänger Band 1 (9,90 €)
- 📖 Standardfälle für Anfänger Band 2 (7,90 €)
- 📖 Standardfälle für Fortgeschrittene (9,90 €)
- 📖 🎧 Basiswissen Strafrecht (AT) (Frage-Antwort)
- 📖 🎧 Basiswissen Strafrecht BT 1 und 🎧 BT 2 (7 €)
- 📖 Strafrecht (AT) (7,90 €)
- 📖 Strafrecht (BT) 1 – Vermögensdelikte (7,90 €)
- 📖 Strafrecht (BT) 2 – Nichtvermögensdelikte (7,90 €)
- 📖 🎧 Definitionen für die Strafrechtsklausur (7,90 €)

Öffentliches Recht

- 📖 Standardfälle Staatsrecht I – StaatsorgaR (9,90 €)
- 📖 Standardfälle Staatsrecht II – Grundrechte (9,90 €)
- 📖 🎧 Standardfälle f. Anfänger (StaatsorgaR u. GRe) (7,9 €)
- 📖 Standardfälle Verwaltungsrecht (AT) (9,90 €)
- 📖 Standardfälle Polizei- und Ordnungsrecht (7,90 €)
- 📖 Standardfälle Baurecht (9,90 €)
- 📖 Standardfälle Europarecht (9,90 €)
- 📖 Standardfälle Kommunalrecht (7,90 €)
- 📖 🎧 Basiswissen StaatsR I –StaatsorgaR (Fr-Antw.) (7 €)
- 📖 🎧 Basiswissen StaatsR II –GrundR (Frage-Antw.) (7 €)
- 📖 Basiswissen VerwaltungsR AT– (Frage-Antwort) (7 €)
- 📖 Studienbuch Staatsorganisationsrecht (9,90 €)
- 📖 Studienbuch Grundrechte (9,90 €)
- 📖 Studienbuch Verwaltungsrecht AT (9,90 €)
- 📖 Studienbuch Europarecht (12 €) u. 🎧 Basiswissen EuR
- 📖 Staatshaftungsrecht (7,90 €)
- 📖 VerwaltungsR AT 1 – VwVfG u. 📖 AT 2–VwGO (7,90 €)
- 📖 VerwaltungsR BT 1 – POR (7,90 €)
- 📖 VerwaltungsR BT 2 – BauR 📖 BT 3 – UmweltR (7,90 €)
- 📖 🎧 Definitionen Öffentliches Recht (9,90 €)

Steuerrecht

- 📖 Abgabenordnung (AO) (8,90 €)
- 📖 Einkommensteuerrecht (EStG) (9,90 €)
- 📖 Erbschaftsteuerrecht (9,90 €)
- 📖 Steuerstrafrecht/Verfahren/Steuerhaftung (7,90 €)

Sozialrecht

- 📖 Kinder- und Jugendhilferecht (7,90 €)
- 📖 Sozpäd. Diagn.: SPFH & ambul. Hilfen d. KJH
- 📖 Sozialrecht (7,90 €)

Nebengebiete

- 📖 Standardfälle Handels- & GesellschaftsR (7,90 €)
- 📖 Standardfälle Arbeitsrecht (7,90 €)
- 📖 Standardfälle ZPO (8,90 €)
- 📖 🎧 Basiswissen HandelsR (Frage-Antwort) (7 €)
- 📖 🎧 Basiswissen Gesellschaftsrecht (Fra.-Antwort)
- 📖 🎧 Basiswissen ZPO (Frage-Antwort) (7,90 €)
- 📖 🎧 Basiswissen StPO (Frage-Antwort) (7 €)
- 📖 Handelsrecht (7,90 €)
- 📖 Gesellschaftsrecht (7,90 €)
- 📖 Arbeitsrecht (7,90 €)
- 📖 Kollektives Arbeitsrecht (9,90 €)
- 📖 ZPO I – Erkenntnisverfahren (7,90 €)
- 📖 ZPO II – Zwangsvollstreckung (7,90 €)
- 📖 Strafprozessordnung – StPO (7,90 €)
- 📖 Einf. Internationales Privatrecht - IPR (9,90 €)
- 📖 Standardfälle IPR (9,90 €)
- 📖 Insolvenzrecht (8,90 €)
- 📖 Gewerbl. Rechtsschutz/Urheberrecht (8,90 €)
- 📖 Wettbewerbsrecht (7,90 €)
- 📖 Ratgeber 500 Spezial-Tipps für Juristen (12 €)
- 📖 Mediation (7,90 €)

Karteikarten (je 8,90 €)

- 📑 Zivilrecht: BGB AT/Grundlagen/ 🎧 Schemata
- 📑 Strafrecht: AT/BT-1/BT-2/Streitfragen
- 📑 Öffentliches Recht: StaatsorgaR/GrundR/VerwR

Assessorexamen

- 📖 Die Relationstechnik (7 €)
- 📖 Der Aktenvortrag im Strafrecht (7,90 €)
- 📖 Der Aktenvortrag im Wahlfach Strafrecht
- 📖 Der Aktenvortrag im Zivilrecht (7,90 €)
- 📖 Der Aktenvortrag im Öffentlichen Recht (7,90 €)
- 📖 Urteilsklausuren Zivilrecht (7,90 €)
- 📖 Staatsanwaltl. Sitzungsdienst & Plädoyer (7,90 €)
- 📖 Die strafrechtliche Assessorklausur (7,90 €)
- 📖 Die Assessorklausur VerwR Bd. 1 (7,90 €)
- 📖 Die Assessorklausur VerwR Bd. 2 (7,90 €)
- 📖 Zwangsvollstreckungsklausuren (7,90 €)
- 📖 Vertragsgestaltung in der Anwaltsstation (7 €)

BWL & VWL

- 📖 Einführung i. die Betriebswirtschaftslehre (7,90 €)
- 📖 Einführung in die Volkswirtschaftslehre (7,90 €)
- 📖 Rechnungswesen (7,90 €)
- 📖 Marketing (7 €)
- 📖 Organisationsgestaltung & -entwickl. (7,90 €)
- 📖 Internationales Management (7 €)
- 📖 Wie gelingt meine wiss. Abschlussarbeit? (7 €)
- 📖 Ratgeber Assessment Center (9,90 €)
- Irrtümer und Änderungen vorbehalten!

Schemata

- 📖 Die wichtigsten Schemata-ZivR,StrafR,ÖR (12 €)
- 📖 Die wichtigsten Schemata–Nebengebiete (9,90 €)

Irrtümer und Änderungen vorbehalten!

🎧 bedeutet: auch als **Hörbuch** (Audio-CD oder MP3) lieferbar!

Im **niederle-shop.de** bestellte Artikel treffen idR *nach 1-2 Werktagen* ein!

1. Teil

I. Allgemeine Hinweise

1. Einführung

Seit einigen Jahren sind in den meisten Bundesländern[1] im Assessorexamen die sog. "Kurzvorträge" vorgesehen. Hierbei erhalten die Kandidaten ein Aktenstück, über das nach einstündiger Vorbereitungszeit der Vortrag zu halten ist. "Viel zu kurz" mögen einige Kandidaten sagen, die dem früher üblichen Vortrag mit dreitägiger Vorbereitungszeit nachtrauern.

Jedoch: Der Kurzvortrag mit nur einstündiger Vorbereitungszeit hat auch Vorteile: So erhalten alle Kandidaten einer Prüfungsgruppe den gleichen Aktenauszug, was eine gerechtere Beurteilung ermöglicht. Auch kann die Prüfungskommission sicher sein, dass es sich - da die Vorbereitung unter Aufsicht erfolgt - tatsächlich um eine eigenständige Leistung des Kandidaten handelt. Ein weiterer, praktischer Vorteil aus Sicht der Prüfungsämter: Nunmehr können an allen Wochentagen mündliche Prüfungen stattfinden.

Dabei könnte der organisatorische Ablauf bei einem Prüfungsgespräch mit vier Kandidaten wie folgt aussehen:

Prüfling	Beginn der Vorbereitung:	Beginn des Vortrages:	Ende des Vortrages:
1	8.00 Uhr	9.00 Uhr	9.20 Uhr
2	8.30 Uhr	9.30 Uhr	9.50 Uhr
3	9.15 Uhr	10.15 Uhr	10.35 Uhr
4	9.45 Uhr	10.45 Uhr	11.10 Uhr

---

[1] Vergleiche hierzu die Bestimmungen in den Prüfungsverordnungen der einzelnen Bundesländer.

8

Die mündliche Assessorprüfung beginnt also mit dem Aktenvortrag. Dadurch kommt dieser Prüfungsleistung auch deshalb eine besondere Bedeutung zu, als dass der Prüfling
hierbei erstmals der Prüfungskommission gegenübertritt.
Dies bietet ihm die Möglichkeit, in Abwesenheit der anderen
Kanndidaten den Prüfern nicht nur seine Rechtskenntnisse,
sondern auch seine - für einen Juristen unabdingbaren –
Fähigkeiten, einen komplexen Sachverhalt in einer begrenzten Zeit zu erfassen und einer sachgerechten Lösung zuzu-
führen, zu zeigen.

Die Kürze von Vorbereitungs- und Vortragszeit (maximal 10
bis 12 Minuten) bedingt natürlich, dass in aller Regel die
Vortragsakten nicht sehr umfangreich sind und in der Regel
einen verständlichen Sachverhalt mit nicht mehr als ein oder
zwei, meist gängigen Rechtsproblemen beinhalten. Dabei
stehen zur Vorbereitung dieselben Kommentare zur Verfügung wie bei den schriftlichen Prüfungen[2].

Achtung: Jeder überflüssige Blick in den Kommentar, sei er
auch noch so kurz, kostet wertvolle Zeit.

Thematisch überwiegen bei weitem die Vorträge, in denen
eine staatsanwaltliche Abschlussentscheidung zu treffen ist.
Dabei hat der Vortragende sich in die Lage zu versetzen,
den Behörden- oder Abteilungsleiter über den Sachverhalt
und die beabsichtigte Entscheidung (z. B. Anklage; Strafbefehl; Einstellung; Beantragung eines Haftbefehls) zu informieren. Betrifft die Prüfungsakte eine gerichtliche Entscheidung (z. B. die Beurteilung der Erfolgsaussichten einer Revision), so hat sich der Vortrag daran zu orientieren, dass die
anderen Mitglieder des Spruchkörpers über den Sachverhalt
und die vorgeschlagene Entscheidung informiert werden.

---

[2] Nähere Auskünfte hierzu erteilen die zuständigen Landesjustiz-
prüfungsämter.

So unterschiedlich dabei die Aufgabenstellungen sein mögen - auf den Aufbau des Aktenvortrages sowie den Vortragsstil hat dies keine Auswirkungen.

2. Vortragsstil

Der Aktenvortrag ist selbstverständlich in freier Rede zu halten. Das Ablesen einer schriftlichen Ausarbeitung – wenn eine solche innerhalb der knappen Vorbereitungszeit überhaupt erstellt werden kann – ist nicht erlaubt. Stichwortzettel oder etwa eine Zeittafel dürfen benutzt werden, ebenso darf bei der Aufzählung von Daten oder Zahlen die Akte selbst herangezogen werden.

Der Prüfling sollte sich bei dem Aktenvortrag in die Lage der Zuhörer versetzen: Diese – nämlich die Prüfer – müssen den Vortrag beurteilen. Das heißt, der Vortrag muss so gestaltet werden, dass die Prüfungskommission sich ein umfassendes Bild von den Kenntnissen und Fähigkeiten des Referendars machen kann. Dazu sollte der Vortragende *laut* und *deutlich* sprechen und *kurze, klare Sätze* bilden. Dadurch wird der Vortrag für den Zuhörer verständlicher und er kann ihn leichter nachvollziehen.

Kurze *Sprachpausen, Wiederholungen* von Sätzen, *Blickkontakt* mit den Prüfern – dies alles hilft, das Interesse der Prüfer an dem eigenen Vortrag aufrecht zu erhalten. Dabei ist auch zu bedenken, dass die Prüfungskommission möglicherweise viermal den gleichen Fall vorgetragen bekommt.

Wenn der Prüfling auch nicht weiß, welche materiell-rechtlichen Aufgabenstellungen ihn erwarten, so können doch speziell der *Vortragsstil* sowie der *Aufbau* eines Aktenvortrages (dazu unten unter III.) eingeübt werden. Das bedeutet, dass der Referendar jede Gelegenheit nutzen sollte, einen Kurzvortrag zu halten.

Dies kann zum einen im Rahmen der strafrechtlichen Referendarsarbeitsgemeinschaft erfolgen (wenn auch dort aus Zeitgründen in der Regel jeder Referendar nur einen Vortrag halten kann), zum anderen jedoch auch am Arbeitsplatz. Der Referendar sollte sich daher nicht scheuen, seinen Ausbilder am Arbeitsplatz zu bitten, mit ihm Vorträge zu üben. Gerade bei der Staatsanwaltschaft gibt es viele Akten, die sich hierzu eignen.

Mit jedem unter Examensbedingungen (eine Stunde Vorbereitungszeit, freie Rede, 10 Minuten Rededauer) gehaltenen Vortrag sollte die Sicherheit, das Selbstvertrauen in die eigenen Fähigkeiten gesteigert bzw. gefestigt werden, so dass der Aufbau des Aktenvortrages letztlich „sitzt".

II. Die Vorbereitung des Aktenvortrages

Ein Teil der Vorbereitung ist das bereits oben angesprochene Üben von Aktenvorträgen. Dabei sollte auch schon dort Wert auf die Einhaltung der Vorbereitungszeit gelegt werden. Im „Ernstfall" bietet sich vielleicht folgende Richtlinie für die Zeiteinteilung an: Ein Viertel der Vorbereitungszeit (also in der Regel ca.15 Minuten) entfällt auf die Erfassung des Sachverhaltes, ca. 30 Minuten auf die Erarbeitung der rechtlichen Lösung und die verbleibende Zeit dient dazu, sich den Vortrag einzuprägen.

Bei der Erarbeitung des Aktenvortrages empfiehlt es sich, zunächst den Bearbeitervermerk durchzulesen, da der Prüfling dann von Anfang an weiß, ob eine staatsanwaltliche Entschließung oder – in seltenen Fällen – eine gerichtliche Entscheidung vorzubereiten ist. Weiter können so auch überflüssige Ausführungen vermieden werden; wenn z. B. dem Bearbeitervermerk zu entnehmen ist, dass Tatbestände außerhalb des StGB nicht zu prüfen sind, wäre es verfehlt, sich mit solchen Vorschriften zu beschäftigen.

Anschließend – der Blickwinkel, unter dem die Akte betrachtet wird, steht jetzt fest – muss der Sachverhalt erarbeitet werden. Wenn diese Hürde genommen wurde, der Referendar quasi den Sachverhalt klar „vor Augen hat", erfolgt die rechtliche Prüfung, d.h., die *ernsthaft* in Betracht kommenden Vorschriften werden untersucht.

Dabei ist die Subsumtion dieser Vorschriften unter den vom Prüfling festgelegten Sachverhalt von größter Bedeutung. Diese Subsumtion ist jedoch auf die wesentlichen Punkte zu beschränken, d. h., liegt ein Tatbestandsmerkmal offensichtlich nicht vor, so kann dessen Prüfung vorgezogen werden. Die Prüfer wollen keine langwierigen Ausführungen zu unstreitig nicht verwirklichten Tatbeständen hören, sondern nur, warum ein Tatbestand angenommen wird oder nicht.

Es empfiehlt sich im Übrigen, stichwortartig eine *Lösungsskizze* anzufertigen – diese darf zwar nicht vorgelesen werden, kann aber dennoch ein Gefühl der Sicherheit vermitteln.

Steht die Lösung, so dient die verbleibende Zeit der Einprägung des Vortrages sowie der Festlegung des Einführungssatzes (der Einstieg fällt erfahrungsgemäß am schwersten). In Gedanken kann der Prüfling den Vortrag nochmals durchgehen, evtl. tauchen dabei Widersprüche auf oder werden kleinere Fehler entdeckt, die jetzt noch problemlos verbessert werden können.

III. Der Aufbau des Aktenvortrages

Unabhängig von der Aufgabenstellung, die dem Bearbeitervermerk zu entnehmen ist, gliedert sich der strafrechtliche Aktenvortrag üblicherweise in fünf Teile[3]:

---

[3] Solbach, JA 1995, S. 227.

12

- Einleitung
- Sachbericht
- Kurzvorschlag oder allgemeiner Entscheidungsvorschlag
- Rechtliche Würdigung
- Abschließender (konkreter) Entscheidungsvorschlag

1. Die Einleitung

Zu Beginn eines jeden Vortrages erfolgt eine kurze Einführung, in der den Zuhörern in einigen kurzen Sätzen der Beschuldigte, die entscheidende Behörde sowie der Gegenstand des Vortrages (Ermittlungsverfahren) mitgeteilt wird. Auch sollte kurz angegeben werden, in welchem Jahr das Verfahren anhängig war.

Sofern eine Entscheidung der Staatsanwaltschaft vorzutragen ist, könnte sich z. B. folgende Einleitung anbieten:

„Ich berichte hier über ein Ermittlungsverfahren, welches im Jahre 2009 bei der Staatsanwaltschaft Krefeld anhängig war. Beschuldigter ist der Rentner Klaus Meier."

Weitere Angaben zur Person des Beschuldigten (Alter; Geburtsdatum etc.) sollten nur dann getätigt werden, wenn sie für die rechtliche Würdigung von Bedeutung sind (z. B. wenn der Beschuldigte zur Tatzeit Jugendlicher bzw. Heranwachsender war). Der Hörer bemüht sich ansonsten, diese Daten – die ohne Relevanz für den Fall sind – in Erinnerung zu behalten und ist in seiner Aufmerksamkeit für andere wichtige Details eingeschränkt.

An dieser Stelle bereits anzugeben, weswegen der Beschuldigte strafrechtlich verfolgt wird, erscheint gefährlich, da das oftmals nur sehr allgemein oder ungenau mitgeteilt werden kann.

Trotz der Kürze der Einleitung können bereits hier schon ebenso gravierende wie überflüssige Fehler gemacht werden. So z. B., wenn der Prüfling Begriffe wie *Beschuldigter/ Angeschuldigter* oder *anhängig/rechtshängig* verwechselt.

2. Der Sachbericht

An die einleitenden Worte schließt sich sodann der Sachbericht an. Darin soll dem Zuhörer kurz und prägnant der Sachvortrag dargestellt werden, von dem der Prüfling in seinem Gutachten ausgeht. Er umfasst grundsätzlich alle für die spätere Entscheidung erheblichen tatsächlichen und rechtlichen Aspekte.

Diese Darstellung sollte so anschaulich und verständlich formuliert werden, dass die Prüfer der Schilderung problemlos folgen können. Ein besonders gelungener Sachbericht zeichnet sich dadurch aus, dass die Zuhörer sofort erkennen können, welche Punkte rechtlich von Bedeutung sind.

Ist der Beschuldigte geständig, so bietet es sich meist an, den Geschehensablauf chronologisch darzulegen und kurz auf die geständige Einlassung hinzuweisen.

Beispiel: „Diesem Verfahren liegt folgender Sachverhalt zugrunde: Der Beschuldigte entwendete bei der Firma .... Der Beschuldigte hat diesen Geschehensablauf eingeräumt."

Ist der Sachverhalt dagegen streitig, sollte der Prüfling, wie bereits oben erwähnt, zwar den Geschehensablauf schildern, von dem er im Folgenden bei der Würdigung ausgeht; er sollte jedoch die streitigen Punkte kurz erwähnen.

Achtung: Eine Beweiswürdigung ist *im Sachbericht* nicht vorzunehmen. Diese gehört in das *Gutachten* (die rechtliche Würdigung), und zwar im Rahmen der Subsumtion jeweils angeknüpft an ein bestimmtes Tatbestandsmerkmal.

Dabei kann es sich jedoch auch anbieten, eine solche Beweiswürdigung im Sachbericht anzudeuten und insoweit auf die späteren Ausführungen im Gutachten zu verweisen.

Da die Zuhörer nur begrenzt aufnahmefähig sind, sollten insbesondere *Daten* und *Zahlen* zurückhaltend verwendet und nur dann angegeben werden, wenn sie für die rechtliche Wertung (rechtzeitiger Strafantrag bei absolutem Strafantragsdelikt?) von Bedeutung sind. Zulässig ist es auch, wesentliche Zahlenangaben oder Daten zur Vermeidung von Wiederholungen erst im Gutachten zu nennen.

Beispiel: „Auf die genaue Schadenshöhe wird im Folgenden noch einzugehen sein."

3. Der Kurzvorschlag (allgem. Entscheidungsvorschlag)

Nach der Schilderung des Sachberichts folgt, quasi auch als Überleitung zum Gutachten, der allgemeine Entscheidungsvorschlag. Dieser soll die Zuhörer nur kurz darüber informieren, zu welchem Ergebnis der Prüfling gekommen ist.

So ist z. B. für den Fall, dass eine Anklageerhebung vorgeschlagen wird, nur dies mitzuteilen, jedoch noch nicht, welches Gericht sachlich und örtlich zuständig ist und ob ggf. noch weitere Anträge gestellt werden sollen.

Beispiel: „Ich schlage vor, den Beschuldigten wegen schweren Raubes anzuklagen."

Neben der Überleitung zum Gutachten bietet der Kurzvorschlag auch gleichzeitig die Möglichkeit, die Aufmerksamkeit
der Zuhörer auf bestimmte Aspekte des Sachverhaltes und
der Würdigung zu lenken. Kommt z. B. eine Einstellung
gemäß § 153 I StPO in Betracht, und der Prüfling erwähnt
diese Vorschrift in seinem Kurzvortrag, z. B.

> „Ich schlage vor, das Ermittlungsverfahren gegen den Be-
> schuldigten B gem. § 153 I StPO einzustellen...,"

dann wird schon dadurch das Augenmerk der Prüfer auf die
Aspekte gelenkt, die für eine solche Einstellung relevant
sind.

4. Rechtliche Würdigung

Hier hat der Prüfling den zuvor dargelegten Entscheidungsvorschlag zu begründen, d. h., der im Sachbericht mitgeteilte
Sachverhalt ist rechtlich zu begutachten. Diese Begründung
erfolgt überwiegend – insbesondere bei der Abhandlung
offensichtlich vorliegender oder nicht vorliegender Tatbe-
standsmerkmale – im *Urteilsstil.*

Demgegenüber sollen wichtige Rechtsfragen oder aber
auch umfassende Beweiswürdigungen im *Gutachtenstil* dargelegt werden. Die richtige Mischung zwischen Urteils- und
Gutachtenstil sorgt für einen kurzweiligen Vortrag, dem die
Zuhörer gut folgen können.

Schon aus der kurzen Vortragsdauer (10 – 12 Minuten) folgt,
dass nur ernsthaft in Betracht kommende Tatbestände zu
prüfen sind, und dies üblicherweise in chronologischer
Reihenfolge. Bei einem streitigen Geschehensablauf, auf
den im Sachbericht ja kurz hingewiesen wurde, erfolgt nun
die Sachverhaltswürdigung bei den einzelnen, strittigen Tat-
bestandsmerkmalen.

> **Beispiel:** Der Beschuldigte bestreitet die Diebstahlshand-
> lung. Dann kann z. B. bei der Subsumtion des Tatbestands-
> merkmals „Wegnahme" eine Würdigung der unterschied-
> lichen Beweismittel (der Beschuldigte gibt Alibi an; Verkäufer
> hat ihn eindeutig als Täter erkannt) erfolgen.

Dabei ist zu beachten, dass, ausgehend von der Aufgabenstellung, nur das Vorliegen eines *hinreichenden Tatverdachts* begründet werden muss; m. a. W.: lassen die vorliegenden Beweise eine Verurteilung des Beschuldigten mit
hinreichender Wahrscheinlichkeit erwarten? Das bedeutet
also, dass keine abschließende Beweiswürdigung gefordert
ist.

Wie auch sonst im gesamten Vortrag, so gilt auch hier bei
der rechtlichen Würdigung: Es sind Schwerpunkte bei der
Prüfung und Darstellung zu bilden. Sollte die Kommission
Rückfragen zu einzelnen Punkten haben, können diese im
Rahmen des Vertiefungsgesprächs im Anschluss an den
Vortrag geklärt werden.

Nach Abschluss der materiellrechtlichen Würdigung sind die
hieraus folgenden Verfahrensfragen (Zuständigkeit des Ge-
richts; Einstellungsbescheid mit oder ohne Rechtsmittel-
belehrung; Einstellungsnachricht mit oder ohne Belehrung
nach dem StrEG; sonstige Nebenfolgen) zu erörtern.

5. Konkreter Entscheidungsvorschlag

Der Vorschlag schließt sodann mit der Wiedergabe des wesentlichen Inhalts der vorgeschlagenen Entscheidung.

> **Beispiel:** „Abschließend schlage ich vor, gegen den Be-
> schuldigten B Anklage wegen Raubes beim Amtsgericht –
> Schöffengericht – in Krefeld zu erheben."

Dabei ergibt sich aus dem jeweiligen Bearbeitervermerk, in
welcher Ausführlichkeit dieser abschließende Entscheidungsvorschlag ausformuliert werden muss.

IV. Abweichende Aufgabenstellungen

Die in Abschnitt **III.** aufgeführten (beispielhaften) Formulierungen bezogen sich immer auf den Aktenvortrag mit einer Aufgabe aus einem *staatsanwaltlichen Ermittlungsverfahren* (Anklage oder Einstellung).

Im Folgenden sollen kurz einige abweichende Aufgabenstellungen dargestellt werden, die auf den Prüfling im Examen jedoch nur in sehr seltenen Ausnahmefällen zukommen.

Grundsätzlich ist auch in diesen Fällen der Aufbau identisch mit dem der staatsanwaltlichen Entscheidung. Unterschiede bestehen jedoch hinsichtlich der zu prüfenden Voraussetzungen (z. B. sind bei der Erörterung, ob die StA einen Antrag auf Erlass eines Haftbefehls stellen soll, §§ 112 ff. StPO einschlägig). Unterschiede ergeben sich demnach auch hinsichtlich der jeweiligen Formulierungen.

1. Entscheidung über die Beantragung eines Haftbefehls

Hier könnte die Einleitung wie folgt dargestellt werden:

„Ich berichte über ein Ermittlungsverfahren gegen den Rentner R, welches im Jahre 2009 bei der Staatsanwaltschaft Osnabrück anhängig war. Zu prüfen ist, ob die Staatsanwaltschaft Antrag auf Erlass eines Haftbefehls gegen den Beschuldigten stellen soll. Folgender Sachverhalt liegt zugrunde..."

Der Kurzvorschlag könnte dementsprechend lauten:

„Ich schlage vor, gegen den Beschuldigten R Antrag auf Erlass eines Haftbefehls wegen Raubes zu stellen..."

18

Im konkreten Entscheidungsvorschlag könnte es dann heißen:

„Abschließend schlage ich daher vor, gegen den Beschuldigten R beim Amtsgericht Osnabrück einen Antrag auf Erlass eines Haftbefehls wegen des dringenden Tatverdachts des Raubes zu stellen."

2. Entscheidung über d. Eröffnung des Hauptverfahrens

Bei der Aufgabenstellung hat der Prüfling sich in die Rolle des Strafrichters zu versetzen. Dabei könnten die entsprechenden Formulierungen wie folgt lauten:

Einleitung: „Mit dem vorliegenden Strafverfahren war das Amtsgericht Osnabrück im Jahre 2009 befasst. Die Staatsanwaltschaft Osnabrück hat Anklage wegen Raubes gegen den Rentner R erhoben. Es ist zu prüfen, ob das Hauptverfahren zu eröffnen ist."

Kurzvorschlag: „Ich schlage vor, das Hauptverfahren zu eröffnen". *Oder:* „Ich schlage vor, die Eröffnung des Hauptverfahrens abzulehnen."

Der abschließende Entscheidungsvorschlag wäre hier gleichlautend mit dem Kurzvorschlag.

3. Prüfung der Erfolgsaussichten einer Revision

Einleitung: „Ich berichte über ein Strafverfahren, welches im Jahre 2009 bei dem Oberlandesgericht Oldenburg anhängig war. Zu entscheiden ist über eine Revision des Rentners R gegen ein Urteil der Kleinen Strafkammer des Landgerichts Osnabrück."

> **Kurzvorschlag:** „Ich schlage vor, das Urteil des Landgerichts Osnabrück wegen verschiedener Verstöße gegen das materielle Recht aufzuheben."

> **Konkreter Entscheidungsvorschlag:** „Abschließend schlage ich vor, das Urteil des Landgerichts Osnabrück mit den zugrundeliegenden Feststellungen wegen Verstoßes gegen materielles Recht aufzuheben und die Sache an eine andere Strafkammer des Landgerichts Osnabrück zur erneuten Verhandlung und Entscheidung zurückzuverweisen."

4. Anwaltliche Aufgabenstellung

a) Angebot einer Einstellung nach § 153 a StPO:

> Ich schlage vor, dem Mandanten zu raten, das Angebot der Staatsanwaltschaft zu einer Einstellung nach § 153 a StPO anzunehmen/ nicht anzunehmen.

b) Einspruch gegen Strafbefehl:

> Ich schlage vor, gegen den am .... zugestellten Strafbefehl Einspruch/ keinen Einspruch einzulegen.

c) Prüfung der Erfolgsaussichten einer Einstellungsbeschwerde:

> Ich schlage vor, gegen den Bescheid der Staatsanwaltschaft vom .... Beschwerde/ keine Beschwerde einzulegen.

2. Teil: Vorträge zum Üben

Im Folgenden werden Vortragsakten mit Lösungsvorschlägen dargestellt. Die Vorgänge sind *Originalvorträgen* nachgebildet, die so von verschiedenen Prüfungsämtern im 2. Staatsexamen verwendet wurden. Daten, Orte und insbesondere auch Namen wurden natürlich geändert, so dass Ähnlichkeiten mit lebenden Personen und realen Verfahren rein zufälliger Art wären.

Die Lösungshinweise sind ausdrücklich nur als Lösungs*vorschläge* zu verstehen. Es gibt meist mehrere Lösungswege, da der Prüfling in der begrenzten Vorbereitungszeit auch nur einen vertretbaren, praktikablen und nachvollziehbaren Entscheidungsvorschlag unterbreiten soll. Auch orientieren sich die folgenden Lösungshinweise hinsichtlich ihres Umfanges in etwa an der meist 10-minütigen Vortragszeit.

Die Hinweise auf Fundstellen in Kommentaren dienen lediglich der Kontrolle bzw. der Nachbearbeitung des Vortrages. Selbstverständlich werden diese Fundstellen im Vortrag selbst *nicht* erwähnt.

Zitiert werden hier:

Fischer, Strafgesetzbuch, 57. Auflage, München 2010

Meyer- Goßner, Strafprozessordnung, 52. Auflage, München 2009

Fall 1

Rechtsanwalt
Holger Brandt, Visbeker Straße, 42524 Badbergen

1.) Vermerk

Heute erscheint Herr Bernd Meier, Schlossstraße 4, 42244 Fürstenau. Er legt mir einen Strafbefehl des Amtsgerichts Bersenbrück vom 03.09.2009 vor. Dazu gibt der Mandant an, dass ihm dieser Strafbefehl am 11.09.2009 zugestellt wurde. Das Aktenzeichen lautet 40 Cs 403 Js 49254/ 09.

Die Angaben im Strafbefehl würden nach Auskunft des Mandanten zutreffen; er hält jedoch die Höhe der Geldstrafe insgesamt für zu hoch. Er verfügt über ein Nettoeinkommen von1500 €, er ist ledig und hat keine Kinder.

Der Mandant unterzeichnete eine Prozessvollmacht, der o.g. Strafbefehl wurde kopiert.

Nach Akteneinsicht soll kurzfristig eine Besprechung mit dem Mandanten stattfinden.

2.) Akte 40 Cs 403 Js 49254/09 vom AG Bersenbrück anfordern

3.) Wiedervorlage 1 Woche

Badbergen, 12.09.2009

Brandt
Rechtsanwalt

22

Amtsgericht Bersenbrück   03.09.2009
40 Cs 403 Js 49254/09

Herrn
Bernd Meier

Geboren: 21.12.1967 in Osnabrück, ledig,
Schlosser,

Schlossstraße 4
42224 Fürstenau

Strafbefehl

Die Staatsanwaltschaft Osnabrück beschuldigt Sie,

am 03.08.2009

in Badbergen

durch zwei Straftaten

1. einem anderen eine fremde bewegliche, geringwertige Sache in der Absicht weggenommen zu haben, sich diese rechtswidrig zuzueignen,

2. durch dieselbe Handlung

a) eine andere Person mittels eines gefährlichen Werkzeugs körperlich misshandelt zu haben,

b) einem zur Vollstreckung von Gesetzen berufenem Amtsträger bei der Vornahme einer Diensthandlung Widerstand geleistet und ihn dabei tätlich angegriffen zu haben.

Ihnen wird zur Last gelegt:

1. Sie entwendeten bei der Firma Novo einen Akkuschrauber im Wert von 19,99 €, indem Sie diesen in Ihre Umhängetasche steckten und sodann die Kassen passierten, ohne die Ware zu bezahlen.

2. Nachdem der Verkäufer Heide, der den Vorgang beobachtet hatte, Sie hinter der Kasse auf diese Tat angesprochen hatte, riefen Angestellte der Firma Novo die Polizei hinzu. Als die Polizeibeamten Stock und Holm Sie zur Personalienfeststellung mit auf die Polizeidienststelle nehmen wollten, weigerten Sie sich hiergegen, indem Sie wild um sich schlugen und mit dem beschuhten Fuß nach dem Polizeibeamten Stock traten, der am Oberschenkel getroffen wurde und dadurch ein schmerzhaftes Hämatom erlitt.

Vergehen, strafbar gemäß §§ 223 I, 224 I Nr. 2, 242, 248 a, 113 I, 52,53 StGB.

Beweismittel:
I) Ihre geständige Einlassung
II) Zeugen:
1. POM Stock, Polizei Badbergen
2. PK Holm, Polizei Badbergen
3. Sven Heide, Düteweg 6, Fürstenau

Auf Antrag der Staatsanwaltschaft Osnabrück wird gegen Sie eine
Gesamtgeldstrafe von 190 Tagessätzen zu je 70 €
(Einzelstrafen von 30 Tagessätzen für die Tat zu Ziffer 1 und von 180 Tagessätzen für die Tat zu Ziffer 2) festgesetzt.

Zugleich werden Ihnen die Kosten des Verfahrens auferlegt. Ihre eigenen Auslagen haben Sie selbst zu tragen.

Polski
Richter am Amtsgericht

> **Anmerkung des Prüfungsamtes:** Vom Abdruck der ordnungsgemäßen Belehrungen bezüglich Rechtsmittel und Fristen wurde abgesehen.

Holger Brandt, Rechtsanwalt

Vermerk:
Die Akte 40 Cs 403 Js 49254/09 lag vor, es wurden hieraus kopiert:
- Strafanzeige der Polizei Badbergen vom 03.08.2009
- Beschuldigtenvernehmung vom 03.08.2009
- Zeugenvernehmung Heide vom 04.08.2009
- dienstliche Äußerungen der Polizeibeamten Stock und Holm vom 03.08.2009

Brandt
16.09.2009

Polizeistation Badbergen   03.08.2009

Strafanzeige

Vorwurf: Diebstahl, Körperverletzung pp.
Tatzeit: 03.08.2009, 11:00 Uhr
Tatort: Badbergen, Firma Novo
Geschädigter: Firma Novo; POM Stock

Beschuldigter: Schlosser Bernd Meier, Schlossstraße 4, 42244 Fürstenau, geboren: 21.12.1967 in Osnabrück

Tatobjekt: Akkuschrauber der Marke Metafix, 19,99 €

Sachverhalt:

Am 03.08.2009 gegen 11:00 Uhr wurden die Polizeibeamten Stock und Holm nach einem Notruf der Angestellten zur Firma Novo in Badbergen entsandt. Es wurde von einem Ladendiebstahl berichtet. Der Täter sei noch vor Ort. Am Tatort trafen wir den Verkäufer Heide sowie den Beschuldigten Meier an. Der Zeuge Heide bekundete, er habe den Beschuldigten dabei beobachtet, wie er einen Akkuschrauber der Marke Metafix (19,99 €) in seine Jacke gesteckt und sodann die Kasse passiert habe, ohne diese Ware zu bezahlen.

Nachdem er ihn angesprochen habe, habe der Beschuldigte die Beute herausgegeben und die Tat eingeräumt.

Der Beschuldigte könne sich jedoch nicht ausweisen. Auch gegenüber PK Holm gab der Beschuldigte die Tat zu; weiter gab er an, dass er seinen Ausweis in seiner Wohnung vergessen habe. Wir forderten ihn daraufhin auf, uns zur Dienststelle zu begleiten zwecks Personalienfeststellung. Dies verweigerte der Beschuldigte ohne Begründung. Als wir ihn dann zum Streifenwagen führen wollten, wurde er plötzlich aggressiv und schlug wild um sich. Ein Verbringen in den Funkwagen war daher nicht möglich. Er trat auch mit den Füßen um sich, dabei traf er POM Stock am Oberschenkel.

Der Beschuldigte trug leichte, offene Sandalen.

Nachdem wir beruhigend auf den Beschuldigten eingewirkt hatten, stieg er freiwillig in den Streifenwagen. Auf der Dienststelle konnten die Personalien festgestellt werden.

POM Stock erlitt durch den Fußtritt eine schmerzhafte Prellung am Oberschenkel und war zwei Tage dienstunfähig.

PK *Holm*   POM *Stock*

Ich stelle Strafantrag gegen den Beschuldigten Meier.

Stock POM

Vermerk des Prüfungsamtes: Die Firma Novo hat am 05.08.2009 Strafantrag gestellt.

Polizeistation Badbergen

Beschuldigtenvernehmung

am 03.08.2009, 13:00 Uhr

Name: Meier
Vorname: Bernd
Geburtsdatum: 21.12.1967
Geburtsort: Osnabrück
Staatsangehörigkeit: Deutsch
Familienstand: ledig
Beruf: Schlosser
Einkommen: 1500 € netto
Kinder: keine
Vorstrafen: keine

Es folgt die ordnungsgemäße Belehrung des Beschuldigten, von deren Abdruck das Prüfungsamt abgesehen hat.

Der Beschuldigte erklärt: Ich will aussagen.

Zur Sache:
Der Vorwurf mit dem Akkuschrauber stimmt. Ich sah den Schrauber in den Auslagen liegen. Da ich zur Zeit in meiner Wohnung renoviere, konnte ich ihn gut gebrauchen. Da ich kein Geld bei mir hatte, habe ich ihn in meine Jacke gesteckt.
Auch das mit den Polizeibeamten stimmt. Ich wollte nicht mit zur Wache, das war mir zu peinlich. Der ganze Vorfall tut mir sehr leid.

Gelesen, genehmigt, unterschrieben: *Meier*   PK *Holm*
Polizei Badbergen

Vermerk:
Heute suchte ich den Zeugen Heide im Novo-Markt auf. Nach ordnungsgemäßer Belehrung erklärte er, dass er sich noch gut an den Vorfall erinnern könne.
Der Beschuldigte sei ihm aufgefallen, da er so lange bei dem Regal mit den Akkuschraubern gestanden habe. Er habe dann gesehen, wie der Beschuldigte einen Akkuschrauber in seine Tasche gesteckt und sich sodann zur Kasse begeben habe. Nach Passieren der Kasse - der Beschuldigte habe nichts bezahlt - habe er ihn angesprochen. Der Beschuldigte habe die Tat sofort eingeräumt und die Ware herausgegeben. Ein Kollege des Zeugen Heide habe dann die Polizei angerufen, von den späteren Vorfällen im Zusammenhang mit dem Verbringen zum Streifenwagen habe er nichts mitbekommen.
Der Beschuldigte habe leichte, offene Sandalen getragen (sog. Jesuslatschen).

PK *Holm,* 04.08.2009

Polizeistation Badbergen   03.08.2009

Dienstliche Äußerung

Die Angaben in der Strafanzeige vom 03.08.2009 treffen zu.
Bei unserem Eintreffen am Tatort trafen wir neben dem Zeugen Heide auch den Beschuldigten Meier an. Auf Nachfrage gab der Zeuge an, dass er den Beschuldigten bei einem Diebstahl gestellt habe. Nach Belehrung räumte der Beschuldigte die Tat ein.

Er erklärte weiter, dass er sich nicht ausweisen könne, da er keinen Ausweis mit sich führe.

Nach Belehrung gemäß § 163 b StPO baten wir den Beschuldigten, uns zum Streifenwagen zu begleiten zwecks Transports zur Dienststelle. Der Beschuldigte verweigerte dies. Daraufhin ergriffen wir ihn leicht am Oberarm, um ihn zum Streifenwagen zu führen. Ohne Vorwarnung schlug der Beschuldigte plötzlich mit den Fäusten wild um sich, er traf aber niemanden. Dann trat er auch mit den Füßen um sich, dabei traf er POM Stock am Oberschenkel. Der Beschuldigte trug leichte, offene Sandalen.

PK *Holm*   POM *Stock*

Vermerk für den Bearbeiter:

Die Angelegenheit ist aus anwaltlicher Sicht zu bearbeiten. Dabei sollen auch Überlegungen zur Zweckmäßigkeit des Vorgehens angestellt werden.

Sollte eine Frage für beweiserheblich gehalten werden, so ist eine Prognose zur Beweislage (z.B. Beweislast, Qualität der Beweismittel etc.) zu erstellen.

Werden Anträge an ein Gericht empfohlen, so sind diese am Ende des Vortrages auszuformulieren.

Die Formalien (Ladung, Zustellung, Unterschriften, Vollmachten) sind in Ordnung.

Begutachtungszeitpunkt ist der 18.09.2009.

Der Bundeszentralregisterauszug vom 17.08.2009 weist für den Beschuldigten keine Eintragungen auf.

Badbergen liegt im Bezirk des Amtsgerichts Bersenbrück und des Landgerichts Osnabrück.

Etwaige Ordnungswidrigkeiten sind nicht zu prüfen.

Aktenvortrag zu Fall 1

„Ich berichte über eine strafrechtliche Anwaltsberatung des Rechtsanwaltes Brandt aus Badbergen im September 2009. Mandant ist der Schlosser Bernd Meier.

Aus den Akten der Staatsanwaltschaft Osnabrück und dem Mandantengespräch vom 12.09.2009 ergibt sich folgender Sachverhalt:

Dem Mandanten wurde am 11.09.2009 ein Strafbefehl des Amtsgerichts Bersenbrück vom 03.09.2009 zugestellt. In diesem Strafbefehl wird dem Mandanten vorgeworfen, am 03.08.2009 in Badbergen bei der Firma Novo einen Akkuschrauber im Wert von 19,99 € entwendet zu haben. Ferner wird er beschuldigt, Widerstand gegen Vollstreckungsbeamte geleistet und zugleich zum Nachteil eines Polizeibeamten eine gefährliche Körperverletzung begangen zu haben.

In dem Strafbefehl wurde wegen dieser Delikte eine Gesamtgeldstrafe von 190 Tagessätzen festgesetzt, die sich aus Einzelstrafen von 30 Tagessätzen wegen des Diebstahls und von 180 Tagessätzen wegen der übrigen Delikte zusammensetzt. Die Höhe eines Tagessatzes wurde auf 70 € festgelegt, ferner soll der Mandant die Kosten des Verfahrens tragen.

Diese Sanktionen empfindet der Mandant als zu hoch, auch verstehe er nicht, wieso er eine gefährliche Körperverletzung begangen haben soll. Er bittet nach Erteilung einer Vollmacht um die Prüfung der Erfolgsaussichten eines Rechtsmittels gegen den Strafbefehl.

Der Strafakte des AG Bersenbrück ist zu entnehmen, dass der Mandant am 03.08.2009 die Geschäftsräume der Firma Novo betrat. In der Werkzeugabteilung entnahm er den Regalen einen Akkuschrauber der Marke Metafix im Wert von 19,99 € und steckte diesen in seine mitgeführte Tasche.

Anschließend passierte er die Kassen, ohne die Ware zu bezahlen. Hinter der Kasse wurde er von dem Verkäufer Heide auf den Diebstahl angesprochen, woraufhin der Mandant die Tat einräumte und den Akkuschrauber aushändigte.

Da er sich gegenüber den Mitarbeitern der Firma Novo nicht ausweisen konnte, riefen diese die Polizei zu Hilfe. Gegenüber den Polizeibeamten Stock und Holm konnte der Mandant sich ebenfalls nicht ausweisen. Die Polizeibeamten forderten den Mandanten sodann nach Belehrung gemäß § 163 b StPO auf, zur Personalienfeststellung mit zur Dienststelle zu fahren. Dies verweigerte der Mandant.

Gegen den Versuch der Polizeibeamten, ihn zum Streifenwagen zu verbringen, wehrte sich der Mandant, indem er mit den Fäusten um sich schlug; auch trat er mit den Füßen nach den Polizeibeamten. Der Polizeibeamte POM Stock wurde dabei am Oberschenkel getroffen und erlitt dadurch eine Prellung. Nachdem der Mandant sich beruhigt hatte, konnte er der Wache zugeführt werden, wo seine Personalien festgestellt wurden.

Der Mandant ist geständig. Sein Einkommen als Schlosser beträgt 1500 € netto; er ist ledig, hat keine Kinder und ist strafrechtlich zuvor noch nicht in Erscheinung getreten.

Die Firma Novo und der Polizeibeamte Stock haben rechtzeitig Strafantrag gestellt.

Ich schlage vor, gegen den Strafbefehl Einspruch einzulegen unter Beschränkung auf die Tat zu Ziffer 2 und die Höhe der Geldstrafe.

Gemäß § 410 I S. 1 StPO ist gegen den Strafbefehl der Einspruch statthaft. Die Einspruchsfrist beträgt 2 Wochen nach Zustellung, die Frist endet also am 25.09.2009.

Der Einspruch ist bei dem Gericht, welches den Strafbefehl erlassen hat, also beim AG Bersenbrück, einzulegen.

Der Einspruch ist auch begründet.

Zunächst ist die Tagessatzhöhe unverhältnismäßig. Der Mandant verfügt über ein monatliches Nettoeinkommen von 1500 €, so dass hier entsprechend § 40 II StGB eine Tagessatzhöhe von 50 € angemessen wäre[1].

Durch das Einstecken des Akkuschraubers bei der Firma Novo hat der Mandant eine fremde bewegliche Sache von geringem Wert weggenommen. Auch handelte er mit der nach § 242 StGB erforderlichen Zueignungsabsicht, da er die Beute für sich verwenden wollte. Somit ist der Mandant eines Diebstahls geringwertiger Sachen hinreichend verdächtig.

Der gemäß § 248 a StGB erforderliche Strafantrag wurde gestellt.

Ebenso ist der Mandant eines Widerstandes gegen Vollstreckungsbeamte gemäß § 113 I StGB dadurch hinreichend verdächtig, dass er sich gegen das Verbringen zum Streifenwagen mit Schlägen und Tritten zur Wehr setzte.

---

[1] Zur Berechnung der Tagessatzhöhe vgl. die Ausführungen in Fischer, § 40, Rz. 6 ff.

32

Die Polizeibeamten sind Amtsträger im Sinne des § 113 I StGB. Auch nahmen sie eine Diensthandlung vor, als sie den Mandanten zur Feststellung seiner Identität festhielten und mit zur Dienststelle nehmen wollten. Die Befugnis hierzu ergibt sich aus § 163 b StPO. Da die Polizeibeamten Stock und Holm sowohl sachlich als auch örtlich zuständig waren, die Beamten die wesentlichen Förmlichkeiten gewahrt haben und der Mandant auch entsprechend §§ 163 b, 163 a IV S.1 StPO belehrt wurde, war die Diensthandlung zudem rechtmäßig.

Gegen diese rechtmäßige Diensthandlung leistete der Mandant mit Gewalt, nämlich mit körperlicher Kraft, Widerstand, als er mit den Fäusten um sich schlug und auch nach den Polizeibeamten trat. Auch griff er durch diese Handlung die Beamten tätlich an, da diese Kraftentfaltung unmittelbar gegen die Körper der Polizisten gerichtet war.

Da der Mandant schuldhaft und rechtswidrig handelte, besteht hinreichender Tatverdacht wegen Widerstandes gegen Vollstreckungsbeamte gemäß § 113 I StGB.

Zudem ist der Mandant auch einer Körperverletzung zum Nachteil des Polizeibeamten Stock gemäß § 223 StGB hinreichend verdächtig. Dieser erlitt durch den Fußtritt eine Prellung am Oberschenkel. Auch insoweit handelte der Mandant vorsätzlich und rechtswidrig.

Dagegen fehlt es hier an der Verwendung eines gefährlichen Werkzeugs.

Ein solches ist gegeben, wenn das Werkzeug nach seiner objektiven Beschaffenheit und der Art seiner Benutzung im Einzelfall geeignet ist, erhebliche Verletzungen herbeizuführen.

Fischer, § 224, Rz. 9

Hier ist zu berücksichtigen, dass der Mandant leichte, offene Sandalen an den Füßen trug. Dieses Schuhwerk ist aber nicht geeignet, bei einem Tritt mit einem so beschuhten Fuß schwerwiegendere Verletzungen herbeizuführen als bei einem Tritt mit dem unbeschuhten Fuß.

Damit ist das Verhalten des Mandanten lediglich als Widerstand gegen Vollstreckungsbeamte in Tateinheit mit Körperverletzung zu werten. Es bestehen hinreichende Erfolgsaussichten, dass sich in einer Hauptverhandlung der Vorwurf der gefährlichen Körperverletzung nicht bestätigen wird. Das würde dazu führen, dass die Einzelstrafe für diese Tat in dem Strafbefehl vom 03.09.2009 erheblich reduziert werden wird, da weder § 113 I StGB noch § 223 StGB eine Mindeststrafe wie § 224 StGB vorsehen.

Somit erscheint es zweckmäßig, gegen den Strafbefehl vom 03.09.2009 gemäß § 410 StPO Einspruch einzulegen.

Dieser Einspruch sollte auf die Tat zu Ziffer 2 des Strafbefehls und die Tagessatzhöhe beschränkt werden, da weder der Schuldspruch noch der Rechtsfolgenausspruch bezüglich der Tat zu Ziffer 1 zu beanstanden sind.

Abschließend schlage ich daher folgenden Antrag an das AG Bersenbrück vor:

Gegen den Strafbefehl des Amtsgerichts Bersenbrück vom 03.09.2009, Aktenzeichen 40 Cs 403 Js 49254/09, lege ich Einspruch ein. Der Einspruch wird auf die Tat zu Ziffer 2 des Strafbefehls vom 03.09.2009 sowie auf die Tagessatzhöhe beschränkt."

Anmerkungen zum Lösungsvorschlag

Es handelt sich um einen Kurzvortrag mit mittlerem Schwierigkeitsgrad.

Der Sachverhalt ist klar und leicht verständlich und dürfte keine großen Schwierigkeiten bereiten. Allerdings sollte der Prüfling schon Wert darauf legen, die Ereignisse chronologisch und einprägsam zu schildern.

Materiellrechtlich sind nur durchaus gängige Vorschriften und Problemstellungen zu behandeln.

Die Schwierigkeit bestand bei diesem Vortrag u. a. darin, sich mit der weitgehend unbeliebten Problematik der Berechnung der Tagessatzhöhe auseinanderzusetzen.

Die Ausführungen zur Zulässigkeit des Einspruchs dürften keine großen Unannehmlichkeiten bereiten.

Der Antrag ist genau auszuformulieren, hier bietet es sich an, diesen Antrag während der Vorbereitungszeit schriftlich auszuformulieren.

Fall 2

Polizeipräsidium Aachen	Aachen, 08.08.2009
Tgb.Nr.: 4772/09	

Strafanzeige

Tat: Körperverletzung pp.

Tatort: 52062 Aachen, Marienstraße 11

AG-Bezirk: Aachen

Tatzeit: Juli – August 2009

Beschuldigter: Andreas Eisendraht, 04.07.1964
Tischler, wohnhaft: Marienstraße 11, 52062 Aachen

Geschädigte:
a) Claus Feld, geb.10.04.1997 in Aachen
b) Claudia Feld, 05.11.1990 in Erkelenz
Beide wohnhaft in 52062 Aachen, Marienstraße 11

Herr Franz Feld, geboren am 08.12.1954 in Köln, Schlosser, wohnhaft in Düsseldorf, Königstraße 12, zeigt folgenden Sachverhalt an:

Seit Anfang 2009 lebe ich von meiner Ehefrau Ursula Feld getrennt. Wir haben zwei Kinder, Claus und Claudia, die bei meiner Frau leben. Meine Familie ist in der vormals ehelichen Wohnung in der Marienstraße 11 geblieben, als ich ausgezogen bin. Die Ehe ist noch nicht geschieden. Das Sorgerecht für unsere Kinder steht meiner Frau und mir gemeinsam zu.

Meine Frau hat seit einigen Wochen einen neuen Lebensabschnittsgefährten, der bereits in ihre Wohnung eingezogen ist, und zwar ist dies der Beschuldigte Andreas Eisendraht. Letzte Woche erzählte mir meine Tochter Claudia, dass sie von dem Andreas Eisendraht einmal mit einem hölzernen Kochlöffel geschlagen worden sei. Als Grund gab sie an, dass sie einige Minuten zu spät nach Haus gekommen sei. Auch meinen Sohn Claus hat der Beschuldigte einmal körperlich misshandelt. Im Übrigen hat mein Sohn mir berichtet, dass meine Frau und der Beschuldigte einmal vor den Augen meines Sohnes miteinander Geschlechtsverkehr hatten.

Ich möchte, dass der Beschuldigte hierfür bestraft wird und stelle deshalb im Namen meiner Kinder Strafantrag. Eine Bestrafung meiner Ehefrau wünsche ich nicht.

gelesen, genehmigt, unterschrieben:

Küppers   Franz Feld
(KOK)

Aachen, 13.08.2009

Zeugenvernehmung

1. Zur Person:

Name, Vorname: Feld, Claudia

Beruf: Schülerin
Alter: 16 Jahre

Wohnung: Marienstraße 11, 52062 Aachen

Ich bin über des Zeugnisverweigerungsrecht gem. § 52 I,II sowie § 55 StPO belehrt worden. Nach dieser Belehrung erkläre ich mich bereit, meine Aussage vor der Polizei zu machen.

2. Zur Sache:

An einem Freitag, ca. Mitte Juli diesen Jahres, kam ich einmal von der Nachhilfestunde nach Hause, als ich meinen Bruder Claus in der Küche sitzend antraf. Er weinte und klagte über Schmerzen im Rücken. Auf meine Fragen schilderte er mir, dass er in der Küche Hausaufgaben gemacht habe, als der Andreas Eisendraht, der neue Freund meiner Mutter, ihn gerufen habe. Claus erzählte mir weiter, dass er erst noch einen Satz habe zu Ende schreiben wollen. Plötzlich sei jedoch der Andreas Eisendraht in die Küche gestürmt, habe ihn vom Stuhl hochgezogen und so heftig geschubst, dass er mit dem Rücken gegen die Spüle geprallt sei, wobei er sich sehr weh getan habe. Zur Begründung habe der Andreas gesagt, dass sei dafür, dass der Claus nicht sofort gekommen sei. Claus hatte einen richtigen großen blauen Fleck auf dem Rücken.

Am nächsten Wochenende war ich abends in der Disco. Ich kam ein paar Minuten nach der vereinbarten Zeit nach Hause, weil ich mich mit einer Freundin verquatscht hatte. Der Andreas saß im Wohnzimmer, meine Mutter schlief schon. Ohne Vorwarnung schlug der Andreas mich mit einem hölzernen Kochlöffel, der vor ihm auf dem Tisch lag, zwei oder drei Mal gegen den Kopf. Ich hatte einige Tage Kopfschmerzen.

Der Claus hat mir auch erzählt, dass er einmal im Wohnzimmer vor dem Fernseher saß, als er durch die offene Tür sehen konnte, dass der Andreas und meine Mutter in der Küche den Geschlechtsverkehr durchführten. Claus ist bereits aufgeklärt, er konnte das also richtig einordnen.

Wir haben das mit den Schlägen auch unserer Mutter erzählt. Der ist das aber anscheinend egal. Ich kann die einzelnen Taten zeitlich nicht weiter eingrenzen.

Ich möchte, dass der Andreas wegen der Schläge bestraft wird.

Gelesen, genehmigt, unterschrieben

Küppers
(KOK)

Claudia Feld

Aachen, 13.08.2009

Zeugenvernehmung

1. Zur Person:

Name, Vorname: Feld, Claus

Beruf: Schüler

Alter: 10 Jahre

Wohnung: Marienstraße 11, 52602 Aachen

Ich bin über das Zeugnisverweigerungsrecht gem. § 52 Abs. I,II sowie § 55 I StPO belehrt worden. Nach dieser Belehrung erkläre ich mich bereit, vor der Polizei auszusagen.

2. Zur Sache:

Irgendwann Mitte Juli saß ich in der Küche und machte Hausaufgaben. Plötzlich rief mich der Andreas, der im Wohnzimmer saß. Ich wollte erst noch etwas in meinem Aufgabenheft beenden, als plötzlich der Andreas in die Küche stürmte, mich vom Stuhl hochriss und schubste, so dass ich gegen die Spüle prallte. Ich hatte heftige Schmerzen am Rücken und einen großen blauen Fleck. Meine Schwester hat mich dann getröstet.

Tage später hat der Andreas die Claudia wohl auch geschlagen, mit einem Kochlöffel. Das habe ich aber nicht gesehen, ich habe da schon geschlafen. Claudia hat es mir am nächsten Tag erzählt, sie hat mir auch einen blauen Fleck an der Schläfe gezeigt.

Ich weiß nicht genau, wann es war, ich meine ein paar Tage vor dem Schubsen in der Küche, da saß ich im Wohnzimmer vor dem Fernseher. Andreas ging an mir vorbei in die Küche, wo meine Mutter war. Plötzlich sah ich dann, durch die offene Tür, dass der Andreas und meine Mutter in der Küche Geschlechtsverkehr hatten.

Gelesen, genehmigt, unterschrieben

Küppers
(KOK)

Claus Feld

Vermerk

Der Zeuge Claus Feld schilderte den Sachverhalt seinem Alter entsprechend flüssig und verständlich. Insbesondere bei der Schilderung des Geschehens im Zusammenhang mit dem beobachteten Geschlechtsverkehr war ihm anzumerken, dass er sich unwohl fühlte. Auf Nachfrage erklärte er, dass es ihm sehr peinlich sei, darüber zu reden, da seine Mutter beteiligt gewesen sei. Der Claus Feld war mit seiner Mutter Ursula Feld zur Vernehmung erschienen, sagte jedoch mit deren Einverständnis in Abwesenheit der Mutter aus. Im Anschluss wurde Frau Feld vernommen.

Küppers (KOK)

Aachen, 13.08.2009

Zeugenvernehmung

1. Zur Person

Name, Vorname: Feld, Ursula
Alter: 42 Jahre
Geburtsname: Holzner
Beruf: Hausfrau

Wohnung: Marienstraße 11, Aachen

2. Zur Sache:

Die Angaben meines Ehemannes zu unseren familiären Verhältnissen sind zutreffend. Wir leben getrennt, die Scheidung ist noch nicht eingereicht. Das Sorgerecht für unsere Kinder Claus und Claudia steht uns beiden gemeinsam zu.

Mein Freund, der Andreas Eisendraht, hat mir gegenüber bestritten, die Kinder geschlagen zu haben. Ich selber habe das nicht gesehen. Er hat mir gesagt, der Claus sei einmal in der Küche gestolpert und gegen die Spüle gefallen. Der Claudia habe er aber einmal eine Ohrfeige gegeben, als sie zu spät nach Hause gekommen sei. Ich glaube, dass die Kinder etwas übertreiben bzw. erfinden, da sie den Andreas nicht leiden mögen.

Der Polizeibeamte hat mir eröffnet, dass ich wegen des Vorfalls mit dem Geschlechtsverkehr in der Küche als Beschuldigte vernommen werden soll. Ich bin entsprechend belehrt worden, möchte aber aussagen.

Es stimmt, dass ich einmal mit dem Andreas in der Küche Geschlechtsverkehr hatte. Das müsste so Mitte Juli gewesen sein. Ich habe nicht gewusst, dass der Claus im Wohnzimmer ist, ich dachte, er sei in seinem Zimmer.
Ich möchte in keinem Fall, dass der Andreas bestraft wird.

	Gelesen, genehmigt, unterschrieben
Küppers (KOK)	Ursula Feld

Polizeipräsidium Aachen   Aachen, 24.08.2009
Tgb.Nr.: 4772/03

Beschuldigtenvernehmung

Familienname: Eisendraht
Geburtsname: Eisendraht
Vorname: Andreas
Geburtsdatum: 14.03.1964
Geburtsort: Erkelenz
Staatsangehörigkeit: deutsch
Familienstand: ledig
Beruf: Tischler
Arbeitgeber: arbeitslos seit 01.01.2002

Vorstrafen: Nach eigenen Angaben in 1987 wegen Körperverletzung

Zu Beginn meiner Vernehmung ist mir eröffnet worden, welche Tat mir zur Last gelegt wird. Ich bin darauf hingewiesen worden, dass es mir nach dem Gesetz freisteht, mich zu der Beschuldigung zu äußern oder nicht zur Sache auszusagen und jederzeit, auch schon vor meiner Vernehmung, einen von mir zu wählenden Verteidiger zu befragen. Ich bin ferner darüber belehrt worden, dass ich zu meiner Entlastung einzelne Beweiserhebungen beantragen kann. Ich habe mich wie folgt entschieden:
Ich will aussagen.

Zur Sache:

Ich habe den Claus nie geschlagen, die Claudia nie mit einem Kochlöffel. Claus ist wohl einmal in der Küche gestolpert, gegen die Spüle oder so. Ich weiß aber nicht, wie das passiert ist, warum er stolperte. Ich habe nur gesehen, wie er gefallen ist.

Claudia kam einmal, vor einigen Wochen, zu spät nach Hause. Sie entschuldigte sich damit, dass sie sich verquatscht habe. Das habe ich nicht akzeptiert und ihr daher eine Ohrfeige gegeben. Ich habe sie nicht mit einem Kochlöffel geschlagen. Ich meine, wenn Kinder unzuverlässig sind, muß man ihnen das beibringen, notfalls auch mal mit einer Ohrfeige.

Das mit dem Geschlechtsverkehr in der Küche stimmt. Ich wußte, dass Claus in Wohnzimmer sitzt. Mir war es egal, ob er das evtl. mitbekommt. Ich hatte halt Lust, was soll ich sonst sagen.

Küppers   selbst gelesen, genehmigt, unterschrieben
(KOK)   Eisendraht

Verfügung

1. Im Tagebuch austragen

| Staatsanwaltschaft Aachen |
| **Eingang:** 27.08.2009 |

2. U.m.A.
der Staatsanwaltschaft Aachen
z.w.V. übersandt.

Aachen, 23.08.2009
Küppers (KOK)

Vermerk für den Bearbeiter

Die Entscheidung der Staatsanwaltschaft ist vorzuschlagen. Bei der Erörterung der einzelnen Merkmale der untersuchten Straftatbestände ist nicht nur in rechtlicher, sondern auch in tatsächlicher Hinsicht zu prüfen, ob die Beschuldigten nach den Ergebnissen des vorbereitenden Verfahrens der Begehung von Straftaten hinreichend verdächtig sind.

Sollten weitere Ermittlungen für erforderlich gehalten werden, so ist davon auszugehen, das diese durchgeführt worden sind und keine neuen Gesichtspunkte ergeben haben.

Im Falle einer Anklage braucht der Anklagesatz nicht formuliert zu werden. Es genügt die Angabe, vor welchem Gericht wegen welcher Straftaten Anklage erhoben werden soll. Entsprechendes gilt bei einem Antrag auf Erlass eines Strafbefehls; ein Vorschlag zum Strafmass ist dabei entbehrlich.

Im Falle einer Einstellung genügt der zusammenfassende Vorschlag, warum und aufgrund welcher Vorschriften das Verfahren eingestellt werden soll.

44

Aktenvortrag zu Fall 2

„Ich berichte hier über ein Ermittlungsverfahren, welches 2009 bei der Staatsanwaltschaft Aachen anhängig war. Beschuldigte sind Herr Andreas Eisendraht und seine Freundin, Frau Ursula Feld.

Im August 2009 erstattete Herr Franz Feld bei der Polizei in Aachen eine Strafanzeige. Franz Feld ist der getrennt lebende Ehemann der Beschuldigten Ursula Feld. Die beiden Kinder der Eheleute Feld, der 10jährige Claus und die 16jährige Claudia, leben bei der Beschuldigten. Das elterliche Sorgerecht für beide Kinder steht der Beschuldigten und dem Anzeigeerstatter gemeinsam zu. Ursula Feld hat seit einigen Wochen einen neuen Freund, den Beschuldigten Andreas Eisendraht. Dieser lebt mit in der Wohnung der Beschuldigten Ursula Feld.

Der Strafanzeige liegt folgender Sachverhalt zugrunde:

An einem nicht mehr genau feststellbaren Tag Mitte Juli 2009 befand sich der 10jährige Claus Feld im Wohnzimmer, als er durch die offene Zimmertür sehen konnte, dass die Beschuldigten Ursula Feld und Andreas Eisendraht in der Küche den Geschlechtsverkehr durchführten. Der Beschuldigte Eisendraht wusste dabei, dass Claus Feld im Wohnzimmer saß und das Geschehen aufgrund der räumlichen Gegebenheiten unter Umständen beobachten konnte.

Einige Tage später saß Claus Feld in der Küche, als der Beschuldigte Eisendraht ihn ins Wohnzimmer rief. Als Claus nicht sofort reagierte, kam der Beschuldigte in die Küche, zog ihn vom Stuhl hoch und schubste ihn gegen die Spüle, so dass Claus Feld Prellungen am Rücken erlitt.

Wiederum einige Tage später kam Claudia Feld abends einige Minuten nach der vereinbarten Zeit nach Hause. Der Beschuldigte stellte sie deshalb zur Rede und schlug ihr schließlich mit einem hölzernen Kochlöffel mehrfach gegen den Kopf. Claudia Feld trug dadurch Prellungen und eine Beule an der Stirn davon.

Die Beschuldigten haben eingeräumt, in der Küche den Geschlechtsverkehr durchgeführt zu haben. Der Beschuldigte Eisendraht bestreitet aber, den Claus Feld gegen die Spüle geschubst zu haben, vielmehr sei dieser grundlos dagegen gestolpert. Auch habe er der Claudia Feld nur eine Ohrfeige gegeben, sie aber nicht mit einem Kochlöffel geschlagen. Auf diese Einlassungen ist später im Rahmen der rechtlichen Würdigung noch einzugehen.

Ich schlage vor, gegen den Beschuldigten Eisendraht Anklage zu erheben und das Verfahren gegen die Beschuldigte Ursula Feld gemäß § 170 II StPO einzustellen.

Die Beschuldigten sind dadurch, dass sie in der Küche Geschlechtsverkehr hatten und dabei von dem 10jährigen Claus Feld beobachtet wurden, nicht eines sexuellen Missbrauchs von Kindern gemäß § 176 IV Nr. 1 StGB hinreichend verdächtig. Dem Sachverhalt ist nicht zu entnehmen, dass es den Beschuldigten gerade darauf ankam, von dem Kind bei der Ausführung des Geschlechtsverkehrs beobachtet zu werden. Es ist vielmehr davon auszugehen, dass die Handlung nur zufällig unter Beobachtung des Kindes erfolgte. Dies aber reicht für die Verwirklichung des § 176 IV Nr. 1 StGB nicht aus, da hierzu für den Täter gerade die Wahrnehmung durch das Kind entscheidend sein muß.

Fischer, § 176, Rz.9
OLG Stuttgart, NStZ 2002, S. 34

Demgegenüber besteht hinreichender Tatverdacht gegen den Beschuldigten Eisendraht wegen Körperverletzung zum Nachteil des Claus Feld. Zwar hat der Beschuldigte bestritten, den Geschädigten gegen die Spüle geschubst zu haben; er hat sich dahin eingelassen, Claus sei aus unerklärlichen Gründen ins Stolpern geraten und gegen die Spüle gefallen. Der Geschädigte Claus Feld jedoch hat bei der Polizei nachvollziehbar dargelegt, von dem Beschuldigten ohne ersichtlichen Grund gegen die Spüle geschubst worden zu sein, wobei er sich eine Prellung am Rücken zugezogen habe.

Die Zeugin Claudia Feld hat angegeben, dass ihr Bruder ihr geschildert habe, wie er von dem Beschuldigten geschubst worden sei. Im Übrigen hat sie die Prellung am Rücken des Geschädigten gesehen. Da der Geschädigte durch diesen Stoß gegen die Spüle Schmerzen erlitten hat, ist der Tatbestand des § 223 StGB erfüllt.

Gemäß § 230 StGB ist für die Verfolgung einer Körperverletzung nach § 223 StGB ein Strafantrag erforderlich. Ein solcher ist hier jedoch nicht wirksam gestellt. Der Geschädigte ist noch minderjährig, so dass nach § 77 III StGB der gesetzliche Vertreter den Antrag zu stellen hat. Hier sind der Anzeigeerstatter und die Kindesmutter Ursula Feld gemäß § 1626 BGB gemeinsam sorgeberechtigt, so dass auch nur beide gemeinsam den Strafantrag stellen können.

Fischer, § 77, Rz. 11 m.w.N.

Da Ursula Feld hier ausdrücklich keine Strafverfolgung wünscht, liegt kein wirksamer Strafantrag vor. Allerdings ist hier unter Hinweis auf RiStBV Nr. 234, 235 III das besondere öffentliche Interesse an der Strafverfolgung zu bejahen.

Weiter besteht hinreichender Tatverdacht gegen den Beschuldigten Eisendraht wegen gefährlicher Körperverletzung gemäß § 224 StGB zum Nachteil der Claudia Feld. Zwar bestreitet der Beschuldigte, die Geschädigte mit einem Kochlöffel gegen den Kopf geschlagen zu haben. Jedoch hat die Geschädigte den Vorfall schlüssig und nachvollziehbar geschildert, der im Übrigen auch teilweise von dem Beschuldigten eingeräumt wird: Er habe der Geschädigten wegen der Verspätung eine Ohrfeige gegeben. Auch hat Claus Feld die Verletzung am Kopf seiner Schwester gesehen.

Der hölzerne Kochlöffel stellt auch ein gefährliches Werkzeug gemäß § 224 I Nr. 2 StGB dar, da mit diesem aufgrund seiner objektiven Beschaffenheit und bei der Art der Benutzung hier erforderliche Verletzungen zugefügt werden können.

Fischer, § 224, Rz. 9

Da die Schläge gegen den Kopf die körperliche Unversehrtheit der Claudia Feld nicht nur unerheblich beeinträchtigten, ist der Beschuldigte Eisendraht einer gefährlichen Körperverletzung zum Nachteil der Claudia Feld und einer Körperverletzung zum Nachteil des Claus Feld hinreichend verdächtig. Die Taten stehen in Realkonkurrenz zueinander, § 53 StGB.

Es ist insoweit die öffentliche Klage gemäß § 170 I StPO zu erheben. Eine Verweisung auf den Privatklageweg hinsichtlich der Körperverletzung zum Nachteil des Claus Feld kommt unter Hinweis auf RiStBV Nr. 235 III nicht in Betracht, zumal auch die Verfolgung eines Gewaltdeliktes zum Nachteil eines Kindes als gegenwärtiges Anliegen der Allgemeinheit angesehen werden kann.

48

Insbesondere auch aufgrund der Uneinsichtigkeit des Beschuldigten und der Tatsache, dass er die Körperverletzungen teilweise bestreitet, erscheint hier die Durchführung einer Hauptverhandlung erforderlich. Für die Anklage ist das Amtsgericht Aachen örtlich zuständig.

Da der Geschädigte Claus Feld noch Kind ist, seine zeugenschaftliche Vernehmung in Betracht kommt und hier allenfalls die Verhängung einer Geldstrafe oder einer kurzzeitigen Freiheitsstrafe zu erwarten ist, ist gemäß § 26 GVG der Jugendrichter sachlich zuständig.

Das Verfahren gegen die Beschuldigte Ursula Feld ist mangels hinreichenden Tatverdachts gemäß § 170 II StPO einzustellen. Sie ist hiervon zu unterrichten.

Abschließend schlage ich daher vor, das Ermittlungsverfahren gegen die Beschuldigte Ursula Feld gemäß § 170 II StPO einzustellen und gegen den Beschuldigten Andreas Eisendraht Anklage zum Amtsgericht Aachen - Jugendrichter - wegen Körperverletzung und gefährlicher Körperverletzung zu erheben."

Anmerkungen zum Lösungsvorschlag

Dieser Aktenvortrag weist einen mittleren Schwierigkeitsgrad auf, hat aber auch einige Tücken.

Probleme dürfte der Prüfling zum einen damit haben, dass sich das Verfahren gegen *zwei* Beschuldigte richtet. Die Darstellung des Sachverhaltes könnte insoweit Schwierigkeiten bereiten, als mehrere Taten (die Tatzeiten stehen nicht genau fest) zu schildern sind und der Beschuldigte Andreas Eisendraht bzgl. der Körperverletzung zum Nachteil Claudia Feld wohl eine Körperverletzung einräumt, die von der Geschädigten eingeräumten Misshandlungen aber nicht begangen haben will. Zudem müssen – um die Frage einer wirksamen Stellung des Strafantrages klären zu können - die familiären Verhältnisse (getrennt lebende Eheleute; gemeinsames Sorgerecht für die Kinder) dargelegt werden.

Zusätzlich zu dem relativ ausführlichen Sachverhalt erfordert dieser Vortrag neben der Prüfung einiger bekannter Tatbestände - § 223 und § 224 StGB - auch die Erörterung des den meisten Prüflingen wohl nicht sehr geläufigen oder unbekannten § 176 IV StGB. Hier dürfte die Problematik aber durch einen Blick in den Kommentar in den Griff zu bekommen sein. Gleiches gilt für die Prüfung, ob ein wirksamer Strafantrag gestellt wurde. Wer die Vorschriften der RiStBV kennt, dürfte auch keine Schwierigkeiten mit der Frage bekommen, ob ein besonderes öffentliches Interesse an der Strafverfolgung zu bejahen ist bzw. ob der Geschädigte Claus Feld auf den Privatklageweg verwiesen werden sollte. Die Problematik, welches Gericht sachlich zuständig ist, kann zudem im „Eifer des Gefechts" durchaus übersehen werden.
Sofern der Prüfling merkt, dass er mit der Zeitvorgabe keine Probleme hat, könnte noch kurz erörtert werden, ob die Handlungen des Beschuldigten Eisendraht evtl. durch das sog. Züchtigungsrecht gerechtfertigt sein könnten (was wohl ernsthaft nicht in Betracht zu ziehen ist).

Fall 3

Polizeiinspektion Osnabrück – Stadt   01.02.2009
Tgb. Nr.: 1005/09

Strafanzeige

Gegen:

Name: Ploenes
Vorname: Klaus
Geburtsdatum: 29.09.1962
Geburtsort: Mönchengladbach
Staatsangeh.:   deutsch
Beruf: Friseur
Familienstand: ledig

Vorstrafen: Nach eigenen Angaben keine

Am heutigen Tag um 16.15 Uhr wird die Funkstreifenbe-
satzung POM Beskens und POM Wefers zum Niebau-Baumarkt in Osnabrück - Schinkel gerufen. Eintreffen der Funkstreife dort um 16.45 Uhr.

Vor Ort erwartet uns der Marktleiter des Baumarktes, Herr
Herbert Weyers, weitere Personalien bekannt.

Dieser teilt uns folgenden Sachverhalt mit:

Gegen 16.00 Uhr habe er den Beschuldigten im Baumarkt
beobachtet, wie er in einem Seitengang gestanden und sich
mehrfach nach allen Seiten umgeschaut habe. Dann habe
er einen zuvor aus dem Regal entnommenen Trafo für Halogenlampen aus der Verpackung entnommen und in seine
Jacke gesteckt. Die Verpackung habe Ploenes in einem
Regal, hinter anderen Kartons, versteckt. Dann habe er sich
zur Kasse begeben und diese passiert, ohne den Trafo zu

bezahlen. Der Beschuldigte sei von ihm angesprochen und zur Aufklärung mit in das Büro gebeten worden. Dort habe er auf den Vorhalt, dass er beobachtet worden sei, erklärt: „Heute ist wohl nicht mein Tag". Danach habe er den Trafo aus der Jacke genommen und auf den Tisch gelegt. Der Trafo kostet 42,99 €. Da der Beschuldigte angegeben habe, die Fangprämie von 25 € nicht zahlen zu können, habe er sich als zuständiger Marktleiter entschieden, die Polizei sofort hinzuzuziehen.

Wir baten den Beschuldigten dann, sich auszuweisen. Er legte uns sodann einen Personalausweis, ausgestellt von der Stadt Osnabrück, mit den obigen Personalien vor. Angegebener Wohnort: Kollegienwall 3, 49074 Osnabrück.

Als der Beschuldigte seinen Personalausweis aus der Jackentasche nahm, fiel POM Wefers ein länglicher Gegenstand in der Jackentasche auf. Bei einer anschließenden Nachschau fanden wir in der Jacke des Beschuldigten ein Messer mit feststehender Klinge, 15 cm lang. Dieses stellten wir mit Einverständnis des Beschuldigten sicher.

Als wir den Beschuldigten zwecks Identitätsüberprüfung nun mit zur Dienststelle nehmen wollten, stieß dieser plötzlich POM Wefers zur Seite und lief zur Bürotür. Dort konnte er jedoch von dem Marktleiter und POM Beskens festgehalten werden.

Auf dem anschließenden Weg zum Funkstreifenwagen wurden wir von dem Verkäufer Nisters angesprochen. Dieser teilte uns folgenden Sachverhalt mit:

Er habe den Beschuldigten schon morgens, gegen 10.00 Uhr, im Markt beobachtet. Der Beschuldigte habe sich auffällig verhalten und sei mit einer hochwertigen Bohrmaschine der Marke Metabo, Wert ca. 150 €, durch die Gänge in die Gartenabteilung gegangen. Dort habe der Beschuldigte sich mehrfach umgesehen, dann seine Jacke ausgezogen und so über die Bohrmaschine im Einkaufswagen gelegt, dass die Bohrmaschine verdeckt war. So vorbereitet, habe der Beschuldigte sich an der Kasse angestellt, wo noch zwei Kunden vor ihm standen. Dort habe er ihn dann mit dem stellvertretenden Marktleiter Beeker, der morgens Dienst hatte, zur Rede gestellt. Nach Aufnahme der Personalien und der Erklärung, man werde Anzeige erstatten, wurde der Beschuldigte gegen 10.30 Uhr entlassen.

Nachdem wir den Beschuldigten zur Dienststelle verbracht hatten, wurde er erkennungsdienstlich behandelt und nach Bestätigung der von ihm im Baumarkt angegebenen Personalien entlassen.

Wefers
(POM)

Beskens
(POM)

Vermerk

Der Vorgang wurde mir heute zur Bearbeitung übergeben. Der Beschuldigte ist noch nicht verantwortlich vernommen worden.

Ich habe ihn fernmündlich für den 05.02.2009 zur verantwortlichen Vernehmung vorgeladen. Er sagte sein Erscheinen zu.

Osnabrück, 02.02.2009

Bröring
(KOK)

Polizeiinspektion Osnabrück 05.02.2009

Beschuldigtenvernehmung

a) zur Person:

Name:	Ploenes
Vorname:	Klaus
Geb.datum, Geb.ort:	29.09.1962, Mönchengladbach
Beruf:	Friseur, derzeit arbeitslos
Familienstand:	ledig
Wohnort:	Kollegienwall 3, 49074 Osnabrück

b) zur Sache:

Zu Beginn meiner Vernehmung zur Sache ist mir eröffnet worden, welche Tat mir zur Last gelegt wird. Ich bin darauf hingewiesen worden, dass es mir nach dem Gesetz freisteht, mich zu der Beschuldigung zu äußern oder nicht zur Sache auszusagen und jederzeit, auch schon vor meiner Vernehmung, einen von mir zu wählenden Verteidiger zu befragen. Ich bin ferner darüber belehrt worden, dass ich zu meiner Entlastung einzelne Beweiserhebungen beantragen kann. Ich habe mich wie folgt entschieden:

Ich will aussagen.

Das mit dem Trafo stimmt. Bei mir zu Hause war ein Trafo kaputt. Da ich nur wenig Geld zur Verfügung habe, im Badezimmer aber doch Licht brauche, habe ich den Trafo eingesteckt.

Die Bohrmaschine wollte ich an der Kasse bezahlen. Aber man hat mich ja schon vorher angesprochen und gehindert, zu zahlen.

54

Als die Polizeibeamten mich mit zur Wache nehmen wollten, bin ich in Panik geraten. Deshalb habe ich versucht, die Polizeibeamten wegzuschubsen und zu fliehen. Mir tut das Ganze sehr leid.

Das Messer habe ich erst mittags eingesteckt, weil ich damit später bei meinen Eltern etwas basteln wollte. Ich will das Messer aber nicht wiederhaben.

Bröring	lt. diktiert, vorgelesen, genehmigt
(KOK)	Ploenes

Vermerk

Ich nahm heute telefonisch Kontakt mit den Mitarbeitern des Baumarktes auf.

Diese bestätigten nach entsprechender Belehrung mir gegenüber die Angaben, wie sie in der Strafanzeige festgehalten sind.

Bei der Staatsanwaltschaft Osnabrück konnte in Erfahrung gebracht werden, dass der Beschuldigte im September 2008 wegen Diebstahls zu einer Geldstrafe von 30 Tagessätzen verurteilt wurde. Die Vollstreckung ist bereits erledigt.

Bei dem Niebau-Baumarkt ist noch ein Strafantrag einzuholen.

Bröring
(KOK)

Niebau- Baumarkt Osnabrück
- Die Geschäftsleitung -

Hiermit stellen wir

Strafantrag

unter allen rechtlichen Gesichtspunkten gegen Herrn Klaus Ploenes wegen der Vorfälle vom 01.02.2009.

Osnabrück, 07.02.2009

Weyers

Verfügung

1. Im Tagebuch austragen.

2. Urschriftlich
der Staatsanwaltschaft Osnabrück

zur weiteren Veranlassung.

Das Messer befindet sich noch auf hiesiger Dienststelle.

Osnabrück, 08.02.2009

Bröring
(KOK)

Staatsanwaltschaft Osnabrück
Eingang: 14.02.2009

Vermerk für den Bearbeiter

Die Entscheidung der Staatsanwaltschaft ist vorzuschlagen. Bei der Erörterung der einzelnen Merkmale der untersuchten Straftatbestände ist nicht nur in rechtlicher, sondern auch in tatsächlicher Hinsicht zu prüfen, ob der Beschuldigte nach den Ergebnissen des vorbereitenden Verfahrens der Begehung von Straftaten hinreichend verdächtig ist.

Sollten weitere Ermittlungen für erforderlich gehalten werden, so ist davon auszugehen, das diese durchgeführt worden sind und keine neuen Gesichtspunkte ergeben haben.

Im Falle einer Anklage braucht der Anklagesatz nicht formuliert zu werden. Es genügt die Angabe, vor welchem Gericht wegen welcher Straftaten Anklage erhoben werden soll. Entsprechendes gilt bei einem Antrag auf Erlass eines Strafbefehls; ein Vorschlag zum Strafmass ist dabei entbehrlich.

Im Falle einer Einstellung genügt der zusammenfassende Vorschlag, warum und aufgrund welcher Vorschriften das Verfahren eingestellt werden soll.

Aktenvortrag zu Fall 3

„Mit dem Fall, über den ich hier zu berichten habe, war Anfang 2009 die Staatsanwaltschaft in Osnabrück befasst. Beschuldigter ist der Friseur Klaus Ploenes aus Osnabrück. Folgender Sachverhalt liegt zugrunde:

Am 01.02.2009 gegen 10.00 Uhr suchte der Beschuldigte den Niebau-Baumarkt in Osnabrück auf. Dort nahm er eine hochwertige Bohrmaschine der Marke Metabo im Wert von ca. 150,00 € aus dem Verkaufsregal und ging mit dieser Maschine in die Gartenabteilung. Nachdem er sich mehrfach umgesehen hatte, zog er seine Jacke aus, wickelte diese um die Bohrmaschine und legte sie dann so in den Einkaufswagen, dass die Bohrmaschine nicht mehr zu sehen war. Anschließend stellte er sich mit seinem Einkaufswagen an der Kasse an. Dort wurde er dann von dem Verkäufer Nisters, der ihn die ganze Zeit beobachtet hatte, sowie dem stellvertretenden Marktleiter angesprochen, ins Büro gebeten und von dort nach Feststellung der Personalien entlassen.

Gegen 16.00 Uhr am selben Tag erschien der Beschuldigte dann erneut im Baumarkt. Aus einer Verpackung entnahm er einen Trafo für Halogenlampen im Wert von ca. 45,00 €, steckte den Trafo in seine Jacke, legte die leere Verpackung ins Regal und passierte anschließend die Kasse, ohne den Trafo zu bezahlen.

Von dem Zeugen Weyers, der den Vorfall beobachtet hatte, wurde der Beschuldigte ins Büro gebeten, wo er den Trafo herausgab. Die hinzugerufenen Polizeibeamten fanden in der Jackentasche des Beschuldigten ein Messer mit einer ca. 15 cm langen, feststehenden Klinge.

Als die Polizeibeamten den Beschuldigten zwecks Überprüfung der Personalien mit zur Dienststelle nehmen wollten, stieß dieser einen der Polizeibeamten zur Seite und lief zur

Tür. Dort konnte er jedoch von dem Zeugen Weyers und dem zweiten Polizeibeamten festgehalten werden.

Der Beschuldigte, der im September 2008 wegen Diebstahls zu einer Geldstrafe verurteilt worden war, hat in seiner verantwortlichen Vernehmung das Einstecken des Trafos und das Wegstoßen des Polizeibeamten eingeräumt. Die Bohrmaschine habe er aber bezahlen wollen. Das Messer, welches er nicht wiederhaben wolle, habe er erst mittags eingesteckt.

Ich schlage vor, gegen den Beschuldigten Anklage zu erheben.

Der Beschuldigte könnte zunächst eines Diebstahls der Bohrmaschine Metabo gem. § 242 StGB hinreichend verdächtig sein.

Fraglich erscheint, ob er dadurch, dass er die Bohrmaschine in seine Jacke einwickelte und in den Einkaufswagen legte, diese weggenommen hat. Wegnahme im Sinne von § 242 StGB ist der Bruch fremden und die Begründung neuen Gewahrsams. Hier hat der Beschuldigte die Bohrmaschine zwar in den Einkaufswagen gelegt, er befand sich jedoch noch im Baumarkt. Damit ist die Sachherrschaft hier – anders als bei kleinen, leicht transportierbaren Gegenständen – noch nicht derart auf den Beschuldigten übergegangen, dass der bisherige Gewahrsamsinhaber nicht mehr über die Ware verfügen kann. Der Zugriff des bisherigen Berechtigten auf die Bohrmaschine ist noch möglich, ohne dass er durch die Herrschaftsgewalt des Beschuldigten daran gehindert wird. Die Tatsache, dass der Beschuldigte die Bohrmaschine im Einkaufswagen verdeckte, ändert daran nichts,

Fischer, § 242, Rz. 17/18;
OLG Düsseldorf, NJW 1993, S. 1407 m.w.N.

Da der Beschuldigte somit noch keinen neuen, alleinigen Gewahrsam begründet hat, da er die Kasse noch nicht passiert hatte, scheidet ein hinreichender Tatverdacht wegen vollendeten Diebstahls aus. Zu erörtern bleibt jedoch, ob der Beschuldigte eines versuchten Diebstahls hinreichend verdächtig ist.

Der Versuch eines Diebstahls ist strafbar, § 242 II StGB. Der Beschuldigte müsste nun weiterhin den Tatentschluss gefasst haben, einen Diebstahl zu begehen. Er hat sich dahin eingelassen, dass er die Bohrmaschine habe bezahlen wollen. Dem steht jedoch die Aussage des Zeugen Nisters entgegen, der nachvollziehbar und schlüssig dargelegt hat, dass der Beschuldigte nach seinen Beobachtungen mit der Bohrmaschine in die Gartenabteilung gegangen sei, sich dort mehrfach nach allen Seiten umgesehen, dann die Jacke ausgezogen und die Ware darin eingewickelt habe. Dies spricht dafür, dass der Beschuldigte die Bohrmaschine an der Kasse gerade nicht bezahlen, sondern diese entwenden wollte. Damit bleibt für die Beurteilung der Frage des Tatentschlusses noch zu prüfen, ob der Beschuldigte den neuen Gewahrsam durch eine eigene Handlung, sprich Wegnahme, begründen wollte oder ob sein Verhalten darauf abzielte, den Gewahrsam durch die Kassiererin infolge einer Fehlvorstellung übertragen zu bekommen. Bei letzterem käme dann ein versuchter Betrug in Betracht.

Hier ist davon auszugehen, dass der Beschuldigte die Bohrmaschine verdeckte, damit die Kassiererin diese nicht entdeckt. Damit sollte das Täuschen der Kassiererin dazu dienen, gegen den Willen des Berechtigten den Gewahrsamsbruch zu ermöglichen,

BGHSt 41, S. 201 f.
Fischer, § 242, Rz. 18.

Der Beschuldigte hatte auch schon unmittelbar zur Tatbestandsverwirklichung angesetzt, da er die Ware schon verdeckt und sich an der Kasse schon angestellt hatte, so dass er davon ausgehen konnte, dass es bei normalem Ablauf zur Tatbestandsverwirklichung kommen würde. Der Beschuldigte ist daher eines versuchten Diebstahls der Bohrmaschine hinreichend verdächtig. Dagegen kann ihm nicht mit hinreichender Sicherheit nachgewiesen werden, dass er das Messer bereits bei dieser Tat mit sich führte, da seine Einlassung insoweit nicht zu widerlegen ist.

Dies könnte auch hinsichtlich eines Diebstahls gem. § 242 StGB zum Nachteil des Baumarktes durch Einstecken des Trafos der Fall sein.

Eine vollendete Wegnahme liegt hier vor, da der Täter an kleineren, leicht transportierbaren Gegenständen bereits dann neuen Gewahrsam begründet und den alten bricht, wenn er sie in seiner Kleidung versteckt,

Fischer, § 242, Rz. 18.

Da der Beschuldigte hier nach eigenen Angaben auch den Trafo entwenden wollte, ist er eines Diebstahls nach § 242 StGB hinreichend verdächtig.

Zu prüfen bleibt, ob der Beschuldigte ein qualifizierendes Merkmal des § 244 StGB, eines Diebstahls mit Waffen, erfüllt hat. Gemäß § 244 I Nr. 1 a StGB wäre insoweit erforderlich, dass er bei dem Diebstahl des Trafo eine Waffe bei sich führte.

Das Messer, welches der Beschuldigte bei der Begehung des Diebstahls in seiner Jacke und somit in Griffweite hatte, welches er also mit sich führte (Fischer; § 244, Rz. 12), besaß eine feststehende Klinge von 15 cm Länge. Es handelte sich mithin um eine Waffe,

Fischer, § 244, Rz. 3 f.;
Bay ObLG, NJW 1999, S. 2535 f.

Da der Beschuldigte wusste, dass er das Messer bei sich führte, ist er eines Diebstahls mit Waffen nach §§ 242, 244 I Nr. 1 a StGB hinreichend verdächtig.

Weiter ist der Beschuldigte dadurch, dass er einen der Polizeibeamten, die ihn zwecks Personalienfeststellung mit zur Wache nehmen wollten, zur Seite stieß, um zu fliehen, eines Widerstandes gegen Vollsteckungsbeamte gem. § 113 I StGB hinreichend verdächtig.

Die Taten stehen in Realkonkurrenz gem. § 53 StGB zueinander. Der Beschuldigte ist also hinreichend verdächtig, einen Diebstahl mit Waffen, einen versuchten Diebstahl sowie einen Widerstand gegen Vollsteckungsbeamte begangen zu haben. Eine Einstellung kommt schon auf Grund der einschlägigen Vorverurteilung nicht in Betracht. Vielmehr ist Anklage zu erheben zum örtlich zuständigen Amtsgericht Osnabrück, und zwar zum Strafrichter, da eine höhere Freiheitsstrafe ab 2 Jahre nicht zu erwarten ist.

Das sichergestellte Messer dürfte als Tatwerkzeug der Einziehung gem. § 74 StGB unterliegen.

Abschließend schlage ist daher vor, gegen den Beschuldigten Anklage zum Amtsgericht – Strafrichter – in Osnabrück zu erheben wegen Diebstahls mit Waffen, versuchten Diebstahls und Widerstand gegen Vollstreckungsbeamte."

Anmerkungen zum Lösungsvorschlag

Das vorliegende Aktenstück dürfte vom tatsächlichen Geschehensablauf her als eher leicht einzustufen sein. Der Prüfling muss allerdings die Chronologie genau herausarbeiten und darlegen.

Die rechtliche Würdigung hinsichtlich des Diebstahls des Trafos bereitet keine Schwierigkeiten; hinsichtlich der Qualifizierung nach § 244 I StGB hilft ein Blick in die Kommentierung weiter. Demgegenüber dürfte die Prüfung eines hinreichenden Tatverdachts bzgl. der „Wegnahme" der Bohrmaschine sowohl in tatsächlicher (Beweiswürdigung) als auch in rechtlicher Hinsicht (Abgrenzung zum Betrug) sowie bei der Darstellung (Versuch) Probleme bereiten, wenngleich gerade die materiell-rechtlichen Überlegungen einem durchschnittlichen Kandidaten schon bekannt sein dürften.

Ausführungen zum Verbleib der Waffe können dabei leicht vergessen werden.

Fall 4

Polizeiinspektion Osnabrück   14.06.2009

Einsatzbericht

Am Montag, den 14.06.2009, befand sich die Zivilstreife POK Stock und PHM Holm mit ihren Dienstfahrrädern im Bereich des Osnabrücker Hauptbahnhofes.

Dort beobachteten wir den polizeilich bekannten

Ralph Renn, geb. 04.11.1959, wohnhaft in Osnabrück, Feldblumenweg 5,

als dieser sich dem Elektrogroßmarkt „Apollo" näherte und dieses Geschäft dann auch betrat. Dienstlich war uns bekannt, dass Renn bereits mehrfach wegen Diebstahls in dem Großmarkt aufgefallen war. Da der Beschuldigte Ralph Renn uns als schon mehrfach vorbestrafter Ladendieb bekannt war, entschlossen wir uns, vor dem Geschäft abzuwarten.

Nach wenigen Minuten erschien Renn wieder und ging zügigen Schrittes Richtung Fußgängerzone. Wir sahen dann, wie nach wenigen Metern aus einer Nebenstraße eine weitere Person auf Renn zutrat. Ohne dass Worte gewechselt wurden, griff Renn in seine Jackentasche und übergab der hinzugetretenen Person ein kleines Paket. Sofort griffen wir zu und hielten die Personen an.

Die zweite Person konnte sich als **Andreas Krüger**, Baumwollweg 3, Osnabrück ausweisen.

Eine Durchsuchung des Renn erbrachte nichts, bei der Durchsuchung der Jacke des Krüger fanden wir einen originalverpackten MP3-Player der Marke Sony. An dem Paket befand sich noch das Etikett der Firma „Apollo". Der ausgezeichnete Preis betrug 91 €. Beide Personen hatten sich mit der Durchsuchung einverstanden erklärt. Vor Ort, noch ohne Belehrung, gab Renn an, das Gerät erworben zu haben. Krüger erklärte, dass ihm das Gerät von Renn zugesteckt worden sei.

Der MP3-Player wurde mit Zustimmung von Renn und Krüger sichergestellt. Anschließend wurden beide dann zur Polizeiinspektion Kollegienwall gebracht.

Osnabrück, 14.06.2009

Stock
(POK)

Polizeiinspektion Osnabrück 14.06.2009

Beschuldigtenvernehmung

Name:	Renn
Geburtsname:	
Vorname:	Ralph
Geburtsdatum:	04.11.1959
Geburtsort:	Dortmund
Wohnort:	Feldblumenweg 5, Osnabrück
Staatsangehörigkeit:	Deutsch
Familienstand:	ledig
Beruf:	Gelegenheitsarbeiter
Monatl. Einkommen:	300 € Sozialhilfe
Vorstrafen:	u.a. mehrfach wg. Ladendiebstählen

Zu Beginn meiner Vernehmung zur Sache ist mir eröffnet worden, welche Tat mir zur Last gelegt wird. Ich bin darauf hingewiesen worden, dass es mir nach dem Gesetz freisteht, mich zu der Beschuldigung zu äußern oder nicht zur Sache auszusagen und jederzeit, auch schon vor meiner Vernehmung, einen von mir zu wählenden Verteidiger zu befragen. Ich bin ferner darüber belehrt worden, dass ich zu meiner Entlastung einzelne Beweiserhebungen beantragen kann. Ich habe mich wie folgt entschieden:

Ich mache keine Angaben.

Ralph Renn   Stock
                                     (POK)

Polizeiinspektion Osnabrück   14.06.2009

Beschuldigtenvernehmung

Name:	Krüger
Geburtsname:	
Vorname:	Andreas
Geburtsdatum:	28.11.1974
Geburtsort:	Leer
Wohnort:	Baumwollweg 3, Osnabrück
Staatsangehörigkeit:	Deutsch
Familienstand:	Ledig
Beruf:	Student
Monatl. Einkommen:	ca. 600 € von Eltern
Vorstrafen:	nach eigenen Angaben keine

66

Zu Beginn meiner Vernehmung zur Sache ist mir eröffnet worden, welche Tat mir zur Last gelegt wird.

Ich bin darauf hingewiesen worden, dass es mir nach dem Gesetz freisteht, mich zu der Beschuldigung zu äußern oder nicht zur Sache auszusagen und jederzeit, auch schon vor meiner Vernehmung, einen von mir zu wählenden Verteidiger zu befragen. Ich bin ferner darüber belehrt worden, dass ich zu meiner Entlastung einzelne Beweiserhebungen beantragen kann. Ich habe mich wie folgt entschieden:

Ich will nicht aussagen.

Krüger   Holm
                                   (PHM)

Polizeiinspektion Osnabrück   17.06.2009

1. Vermerk
Heute suchte ich die Filialleiterin des Elektrogeschäftes „Apollo" in Osnabrück, Frau Gerlinde Kamp, auf. Eine Überprüfung der Kassenjournale und des Warenbestandes ergab, dass am 14.06.2009 und den letzten Tagen davor kein MP3-Player der Marke „Sony" verkauft worden war. Frau Kamp bat um Rückgabe des Gerätes.

2. Austragen

> Staatsanwaltschaft Osnabrück
>
> **Eingang:** 19.06.2009

3. U.m.A.

der Staatsanwaltschaft Osnabrück

zur weiteren Veranlassung.
Stock
(POK)

Vermerk für den Bearbeiter

Die Entscheidung der Staatsanwaltschaft ist vorzuschlagen. Bei der Erörterung der einzelnen Merkmale der untersuchten Straftatbestände ist nicht nur in rechtlicher, sondern auch in tatsächlicher Hinsicht zu prüfen, ob der (die) Beschuldigte (n) nach den Ergebnissen des vorbereitenden Verfahrens der Begehung von Straftaten hinreichend verdächtig ist (sind).

Sollten weitere Ermittlungen für erforderlich gehalten werden, so ist davon auszugehen, dass diese durchgeführt worden sind und keine neuen Aspekte ergeben haben.

Im Falle einer Anklage braucht der Anklagesatz nicht formuliert zu werden. Es genügt die Angabe, vor welchem Gericht wegen welcher Straftaten Anklage erhoben werden soll. Entsprechendes gilt bei einem Antrag auf Erlass eines Strafbefehls; ein Vorschlag zum Strafmaß ist dabei entbehrlich.

Im Falle einer Einstellung genügt der zusammenfassende Vorschlag, warum und aufgrund welcher Vorschriften das Verfahren eingestellt werden soll.

Die Sicherstellung des MP3-Players und weitere Maßnahmen bzgl. des Gerätes sind nicht zu erörtern.

Aktenvortrag zu Fall 4

„Ich berichte hier über ein Ermittlungsverfahren, welches im Juni 2009 bei der Staatsanwaltschaft Osnabrück anhängig war. Beschuldigt sind Ralph Renn und Andreas Krüger aus Osnabrück.

Folgender Sachverhalt liegt zugrunde:

Am 14.06.2009 beobachteten die Polizeibeamten Stock und Holm den ihnen dienstlich bekannten Beschuldigten Renn – der bereits mehrfach wegen Ladendiebstahls vorbestraft war-, wie dieser den Elektrogroßmarkt „Apollo" betrat. In diesem Markt war der Beschuldigte Renn bereits mehrfach als Ladendieb aufgefallen. Nach wenigen Minuten verließ der Beschuldigte Renn das Geschäft wieder und ging zügigen Schrittes Richtung Innenstadt. Nach wenigen Metern kam aus einer Nebenstraße der Beschuldigte Krüger und trat auf den Beschuldigten Renn zu. Dieser griff sofort – ohne dass vorher Worte gewechselt wurden – in seine Jackentasche und übergab dem Beschuldigten Krüger ein kleines Päckchen. Sofort hielten die beiden Polizeibeamten Stock und Holm die beiden Beschuldigten an.

Eine einvernehmliche Durchsuchung des Beschuldigten Renn erbrachte nichts, bei der ebenfalls einvernehmlichen Durchsuchung der Jacke des Beschuldigten Krüger fanden die Polizeibeamten einen originalverpackten MP3-Player der Marke Sony. Auf dem Paket befand sich noch ein Preisetikett der Fa. Apollo über 91 €.

Im Rahmen einer informatorischen Befragung, ohne Belehrung, erklärte der Beschuldigte Renn, er habe das Gerät bei Apollo gekauft, der Beschuldigte Krüger äußerte sich dahin, dass ihm das Gerät von Renn zugesteckt worden sei.

Die Beschuldigten wurden anschließend zur Polizeiwache verbracht und dort ordnungsgemäß belehrt. Sie machten jedoch beide keine Angaben zur Sache.

Ermittlungen bei der Geschäftsführerin der Firma Apollo, Frau Kamp, ergaben, dass an dem fraglichen Tag und den Tagen zuvor kein MP3-Player der Marke Sony dort verkauft wurde.

Ich schlage vor, gegen die Beschuldigten Anklage zu erheben.

Der Beschuldigte Renn könnte eines Diebstahls zum Nachteil der Firma Apollo gem. § 242 StGB hinreichend verdächtig sein.

Dann müsste er eine fremde bewegliche Sache – den MP3-Player – der Firma Apollo weggenommen haben. Unmittelbare Zeugen sind zwar nicht gegeben. Jedoch ergibt sich aus den Angaben der Polizeibeamten Stock und Holm, dass der Beschuldigte Renn bereits mehrfach bei Apollo nach Diebstählen aufgefallen ist. Auch war das Gerät noch originalverpackt und mit Preisetikett versehen, obwohl nach den Angaben der Geschäftsführerin des Marktes, Frau Kamp, dort in den letzten Tagen kein MP3-Player der Marke Sony verkauft worden war.

Diese Indizien lassen mit der für eine Verurteilung erforderlichen Sicherheit den Schluss zu, dass der Beschuldigte Renn in dem Elektromarkt den MP3-Player an sich genommen und, ohne ihn zu bezahlen, mit nach draußen genommen hat. Weiter dürfte der Beschuldigte Renn auch mit Zueignungsabsicht gehandelt haben. Er hat die Ware – wie von den Polizeibeamten Stock und Holm beobachtet – unmittelbar nach Verlassen des Geschäftes dem Beschuldigten Krüger zugesteckt, ohne dass vorher Worte gewechselt wurden. Der Beschuldigte Renn dürfte daher zumindest

mit einer nach § 242 StGB ausreichenden Drittzueignungs-
absicht gehandelt haben.

Der Beschuldigte Renn ist somit eines Diebstahls nach
§ 242 StGB hinreichend verdächtig.

Gegen den Beschuldigten Krüger könnte hinreichender Tatverdacht wegen einer Beihilfe zum Diebstahl des Beschuldigten Renn bestehen.

Dazu müsste er vorsätzlich dem Beschuldigten Renn zu
dessen vorsätzlich begangener, rechtswidriger Tat – Diebstahl zum Nachteil Apollo – Hilfe geleistet haben. Beihilfe ist
dabei Hilfe zur Begehung einer rechtswidrigen Tat. Das bedeutet, dass der Beschuldigte Krüger hier eine strafbare Bei-
hilfehandlung nur begehen konnte, wenn die Tat (der Diebstahl) noch nicht beendet war. Nach Beendigung der Haupt-
tat ist eine Beihilfe ausgeschlossen.

Fischer, § 27 Rz. 6

Zu klären ist daher hier, wann der Diebstahl beendet war.
Grundsätzlich ist ein Diebstahl beendet, wenn die Beute ge-
sichert ist. Bei kleinen, leicht transportablen Gegenständen,
die in der Kleidung versteckt werden – wie dies bei dem
MP3-Player der Fall war – reicht es für die Beendigung aus,
wenn die räumliche Herrschaftssphäre des Berechtigten verlassen wird.

NJW 1987, S. 2687
Fischer, § 242, Rz. 54

Hier hatte der Beschuldigte Renn bereits das Geschäft verlassen und sich sogar schon einige Meter entfernt. Es kann
also von einer gewissen Beutesicherung gesprochen werden, so dass der Diebstahl bei der späteren Übergabe an
den Beschuldigten Krüger bereits beendet war.

Ein hinreichender Tatverdacht wegen Beihilfe zum Diebstahl scheidet daher aus.

Jedoch könnte hinreichender Tatverdacht bzgl. einer Begünstigung gemäß § 257 StGB durch die Annahme des MP3-Players bestehen. Der Beschuldigte Renn hatte das Gerät durch eine rechtswidrige Tat – einen Diebstahl – erlangt. Das Diebesgut hat der Beschuldigte Krüger erhalten. Zwar lässt Krüger sich nicht zur Sache ein, und die Ergebnisse der informatorischen Befragung durch die Polizeibeamten Stock und Holm sind wegen Verstoßes gegen § 136 StPO nicht verwertbar, da der Beschuldigte Krüger zuvor nicht ordnungsgemäß belehrt worden war.

Meyer-Goßner, § 136, Rz. 20

Aus den Gesamtumständen ergibt sich jedoch mit der für eine Verurteilung erforderlichen Wahrscheinlichkeit

hierzu Meyer- Goßner, § 170, Rz. 1

der Schluss, dass Krüger in Kenntnis des strafrechtlich relevanten Vorerwerbs durch den Beschuldigten Renn den MP3-Player an sich nahm, zumal die Übergabe unmittelbar nach Verlassen des Geschäftes und ohne vorherigen Wortwechsel erfolgte. Diese Handlung des Beschuldigten Krüger war auch objektiv geeignet, dem Beschuldigten Renn die durch die Vortat erlangten Vorteile - Besitz des MP3-Players – zu sichern. Aus den oben geschilderten Umständen ist auch mit hinreichender Sicherheit der Schluss zu ziehen, dass der Beschuldigte Krüger vorsätzlich handelte, da er zum einen wusste, dass Renn die Ware durch eine rechtswidrige Vortat erlangt hatte und er zum anderen auch mit der Absicht handelte, die Vorteile der Tat zu sichern.

Es besteht somit hinreichender Tatverdacht wegen Begünstigung gem. § 257 StGB.

In Betracht käme auch noch bzgl. des Beschuldigten Krüger ein hinreichender Tatverdacht wegen Hehlerei durch die Annahme des Diebesgutes. Insoweit haben die Ermittlungen jedoch überhaupt keine Anhaltspunkte dafür ergeben, dass Krüger die Ware zur eigenen Verfügungsgewalt

Fischer, § 259, Rz. 11

erhalten hat.

Auch liegen keine Hinweise dafür vor, dass der Beschuldigte Krüger die Ware absetzen oder dazu Hilfe leisten sollte. Hinreichender Tatverdacht wegen Hehlerei scheidet daher aus.

Zusammenfassend besteht daher hinreichender Tatverdacht bzgl. des Beschuldigten Renn wegen Diebstahls gem. § 242 StGB, bzgl. des Beschuldigten Krüger wegen Begünstigung gem. § 257 StGB.

Gegen die Beschuldigten ist daher Anklage zu erheben. Da trotz der Vorstrafen des Beschuldigten Renn keine Freiheitsstrafe von mehr als zwei Jahren zu erwarten ist, ist der Strafrichter bei dem Amtsgericht Osnabrück zuständig.

Abschließend schlage ich daher vor, gegen die Beschuldigten Anklage beim Amtsgericht – Strafrichter – Osnabrück zu erheben, und zwar bzgl. des Beschuldigten Renn wegen Diebstahls, bzgl. des Beschuldigten Krüger wegen Begünstigung."

Anmerkungen zum Lösungsvorschlag

Der Sachverhalt scheint auf den ersten Blick eher einfach und vom tatsächlichen Geschehensablauf her leicht verständlich. Es dürfte aber schnell festzustellen sein, dass der Aktenvortrag diverse Schwierigkeiten bereiten könnte.

So richtet sich zum einen das Verfahren gegen *zwei* Beschuldigte, und diese Prüfung und Darstellung mag ungewohnt erscheinen.

Zum anderen gibt es für die den Beschuldigten zur Last gelegten Tat keine direkten Tatzeugen, es sind vielmehr im Rahmen einer Beweiswürdigung verschiedene Indizien zu finden und abzuwägen. Dabei ist zu berücksichtigen, dass nur ein *hinreichender Tatverdacht* festzustellen ist; eine *Gewissheit*, wie sie für eine Verurteilung zu verlangen ist, muss demgegenüber nicht vorliegen.

Kommt der Vortragende bei der materiell-rechtlichen Prüfung zu dem Ergebnis, dass der Diebstahl des Beschuldigten Renn noch nicht beendet war, entfällt eine Strafbarkeit wegen Begünstigung. Stattdessen wäre bzgl. des Beschuldigten Krüger ein hinreichender Tatverdacht wegen Beihilfe zu prüfen.

Fall 5

Polizeiinspektion Mönchengladbach   05.10.2009
Tagebuch-Nr: 552/09

Festnahmeanzeige

Festnahmezeit: 05.10.2009, 14.15 Uhr

Nachname: Hörmeier   **Vorname:** Johann

Geburtsdatum: 23.01.1955   **Geburtsort:** Kleve

Geschlecht: Männlich   **Familienstand:** ledig

Wohnort: Mönchengladbach, Bökelbergstraße 10
Beruf: ohne

Tatort: Mönchengladbach, Bismarckstraße, Metro-Markt
Tatzeit: 05.10.2009, 13.05 Uhr

Beute: Discman Sanyo; Wert ca. 100 €

Sachverhalt

Am 05.10.2009 gegen 13.10 Uhr ging auf der Dienststelle ein Notruf des Filialleiters des Metro-Marktes an der Bismarckstraße ein. Der Anrufer teilte mit, dass soeben ein etwa 50jähriger Mann aus den Auslagen einen Discman entwendet habe. Als ein Mitarbeiter ihn angesprochen habe, habe der Täter diesen mit einem Faustschlag niedergestreckt und sei dann mit der Beute in Richtung Bahnhof geflüchtet.

Unsere Funkstreife VFL 77 mit PK Kamps und PK Köppel begab sich sofort zum Tatort, wo wir gegen 13.20 eintrafen. Vor Ort teilte uns der Filialleiter, Herr Jürgen Netzer, w. Personalien bekannt, folgenden Sachverhalt mit:

Gegen 13.00 Uhr habe der Täter das Ladenlokal betreten. Er sei in die Elektroabteilung gegangen und habe dort einen Discman der Marke Sanyo im Wert von 99 € aus dem Regal genommen. Nach mehrmaligem Umsehen habe der Mann das Gerät dann in seine Jacke gesteckt. Dabei habe ihn der Verkäufer Wimmer über einen Deckenspiegel beobachtet.

Als der Täter sich zur Kasse begeben und diese passiert habe, ohne das Gerät zu bezahlen, habe ihn der Verkäufer draußen, nach Verlassen des Geschäftes, angehalten und angesprochen.

Plötzlich sei der Verkäufer Wimmer zu Boden gestürzt und habe um Hilfe gerufen. Erst dadurch sei er selber auf den Vorgang aufmerksam geworden. Er habe dann noch gesehen, wie der Täter in Richtung Bahnhof weggelaufen sei. Wimmer sei aufgestanden, habe ihm die vorherigen Ereignisse kurz mitgeteilt und dann den Mann verfolgt. Er, Netzer, habe es vorgezogen, im Geschäft zu bleiben und die Polizei zu benachrichtigen.

Den Täter könne er wie folgt beschreiben: Männlich, ca. 45-50 Jahre alt; blonde, kurze Haare, Brille. Bekleidet gewesen sei der Mann mit einer blauen Jeans, Turnschuhen und einer gelben Regenjacke mit der Aufschrift „e-plus".

Plötzlich meldete sich beim Filialleiter Netzer per Handy der Verkäufer Wimmer und teilte mit, dass er den Täter ca. 2 km bis zum Bahnhof verfolgt habe. Dieser habe ihn nicht bemerkt. Der Täter sitze jetzt vor dem Bahnhof auf einer Bank und rauche eine Zigarette.

Sofort fuhren wir zum Bahnhof, näherten uns jedoch ohne Einsatzmittel, um den Beschuldigten nicht zu warnen. Vor Ort gab sich uns der Zeuge Wimmer zu erkennen und zeigte uns auf Aufforderung einen Mann, auf den die Beschreibung des Zeugen Netzer passte. Der Tatverdächtige saß auf einer Parkbank vor dem Bahnhof und unterhielt sich mit einer jungen Frau.

Wir sprachen den Beschuldigten daraufhin an und baten ihn, sich auszuweisen. Er zeigte uns daraufhin einen gültigen Ausweis - Personalien s.o. - und erklärte unaufgefordert: „Was wollen Sie eigentlich, ich sitze schon seit einer Stunde hier. Meine Freundin kann das bestätigen".

Wir erklärten ihm den Grund unseres Einschreitens und baten ihn, einen Blick in seine Jackentasche werfen zu dürfen. Nach Einwilligung durchsuchte PK Kamps die Jacke, konnte jedoch nichts finden. Bei einer Rundschau entdeckte PK Köppel jedoch in einem Gebüsch, unmittelbar hinter der Parkbank, auf der der Beschuldigte gesessen hatte, einen original verpackten Discman der Marke Sanyo.

Als der Beschuldigte dies bemerkte und von PK Kamps aufgefordert wurde, mit zur Dienststelle zu kommen, schlug er ohne Vorwarnung PK Kamps mit einem Ellbogencheck nieder und lief Richtung Innenstadt davon. Dabei rief er sinngemäß: „Ihr sperrt mich nicht wieder ein". PK Kamps wurde bei der Aktion nicht verletzt.

Nach kurzer Verfolgungsjagd konnte PK Köppel den Beschuldigten erfassen. Dieser ließ sich jetzt widerstandslos Handfesseln anlegen. Wir verbrachten ihn dann zur Dienststelle. Die angebliche Freundin des Beschuldigten, die das ganze Geschehen teilnahmslos verfolgt hatte, begleitete uns. Ihre Personalien lauten: Birgit Goldkamp, Bökelbergstraße 6, Mönchengladbach.

PK Kamps   PK Köppel

PI Mönchengladbach   05.10.2009
                                                         15.20 Uhr

Beschuldigtenvernehmung

Name: Hörmeier
Vorname: Johann
Geburtsdatum: 23.01.1955
Geburtsort: Kleve
Beruf: ohne
Familienstand: ledig
Wohnort: noch Bökelbergstraße 10, ab 15.10.09
                     ohne Wohnung, da gekündigt

Zu Beginn meiner Vernehmung ist mir eröffnet worden, welche Tat mir zur Last gelegt wird. Mir ist gesagt worden, dass es mir freisteht, mich zur Sache zu äußern oder nicht auszusagen und jederzeit, auch schon vor meiner ersten Vernehmung, einen von mir zu wählenden Verteidiger zu befragen. Ich bin auch darüber belehrt worden, dass ich zu meiner Entlastung einzelne Beweiserhebungen beantragen kann.

Ich habe die Belehrung verstanden und will nur folgendes sagen:

Ich habe nichts gemacht, ich weiß nicht, wie der Discman dahingekommen ist. Meine Wohnung wurde mir fristlos zum 15.10.2009 gekündigt, eine neue Wohnung habe ich noch nicht. Arbeitslos bin ich jetzt schon seit 4 Jahren.

Hörmeier   PK Köppel

PI Mönchengladbach   05.10.2009
                                          15.30 Uhr

Zeugenvernehmung

Name: Goldkamp
Vorname: Brigitte
Geburtsdatum, Geburtsort: 15.08.1967, Viersen
Beruf: Angestellte
Wohnort: Bökelbergstraße 6, Mönchengladbach

Nach der erforderlichen Zeugenbelehrung erklärte die Zeugin:

Ich bin mit dem Beschuldigten nicht verwandt oder verschwägert, auch nicht befreundet, ich kenne ihn nur als Nachbarn.

Zum Vorfallszeitpunkt wartete ich vor dem Bahnhof auf meinen Bus, als sich der Beschuldigte zu mir setzte. Er zog ein Paket aus der Jacke, warf es hinter uns in einen Busch und sagte zu mir: „Davon zahlen wir heute Abend unser Essen, ich lade dich ein".

Nachdem ich ihm erklärt hatte, dass er mich nicht interessiere, erschien kurze Zeit später auch schon die Polizei. Den Rest kennen Sie ja.

Goldkamp   PK Köppel

PI Mönchengladbach   05.10.2009

Zeugenvernehmung

Name, Vorname: Wimmer, Herbert
Geburtsdatum, Geburtsort: 15.04.1949, Jülich
Beruf: Verkäufer
Wohnort: Jülich, Rheydter Straße

Nach erfolgter Zeugenbelehrung äußert sich der Zeuge wie folgt:

Ich bin mit dem Beschuldigten nicht verwandt oder verschwägert.

Heute Mittag habe ich den Beschuldigten beobachtet, wie er in unserem Geschäft einen Gegenstand aus der Elektroabteilung in seine Jacke steckte. Nachdem er die Kasse passiert hatte, ohne etwas zu bezahlen, hielt ich ihn nach Verlassen des Geschäftes an, teilte ihm meine Beobachtungen mit und bat ihn, mir die Ware wieder auszuhändigen.

Nachdem er mich kurz angeschaut hatte, sagte er nur: „Was ich habe, das habe ich", versetzte mir dann plötzlich einen Ellbogencheck, so dass ich zu Boden ging, und lief Richtung Bahnhof davon. Nachdem ich gesehen hatte, dass mein Kollege Netzer den Vorfall mitbekommen hatte, informierte ich diesen kurz und nahm die Verfolgung auf, da mir klar war, dass Netzer den Täter nicht verfolgen würde.

Dieser lief eilig zum Bahnhof, wo er dann eine junge Frau ansprach, die dort auf einer Bank saß. Dann habe ich über Handy in unserer Filiale angerufen und meinen Standort durchgegeben. Kurze Zeit später kam auch schon die Streife.

Ich habe nicht gesehen, dass der Beschuldigte etwas in das Gebüsch geworfen hat. Ich war aber auch mit dem Handy beschäftigt. Der Mann, der vor dem Bahnhof festgehalten wurde, ist aber ganz sicher der, den ich beim Diebstahl beobachtet habe und der mich niedergeschlagen hat.

Ich habe durch den Check eine Prellung im Brustbereich erlitten, die zur Zeit sehr schmerzt.

Ich stelle Strafantrag wegen Körperverletzung.

Wimmer   PK Kamps

Vermerk

1)Telefonisch befragt, nach Zeugenbelehrung, schilderte der Filialleiter Netzer den Vorgang, wie im Sachverhalt oben geschildert.

2) Urschriftlich per Sonderwachtmeister

der Staatsanwaltschaft Mönchengladbach

z.Hd. Herrn Staatsanwalt Krüger.

Staatsanwaltschaft M'Gladbach

Eingang: 06.10.2009

Mönchengladbach,
05.10.2009 PK Kamps

Bearbeitervermerk

Die Akte liegt dem zuständigen Staatsanwalt Krüger vor, der über die Frage zu entscheiden hat, ob ein Antrag auf Erlaß eines Untersuchungshaftbefehls gestellt werden soll. Die entsprechende Entschließung der Staatsanwaltschaft ist vorzuschlagen.

Es sollen nur Straftatbestände des StGB geprüft werden, keine Ordnungswidrigkeiten.

Die Formalien sind alle in Ordnung.

Der Bundeszentralregisterauszug des Beschuldigten weist eine Eintragung auf:

Urteil des AG Viersen, 10.01.2006, wegen Raubes. Freiheitsstrafe 2 Jahre, Strafvollstreckung erledigt am 21.08.2008.

Im Falle eines Haftbefehlsantrages braucht der Antrag nicht formuliert zu werden. Es genügt die Angabe, vor welchem Gericht wegen welcher Straftaten Haftbefehlsantrag gestellt werden soll.

Wird vorgeschlagen, von der Stellung eines Haftbefehlsantrages Abstand zu nehmen, brauchen der entsprechende Aktenvermerk und entsprechende weitere Anordnungen an die Polizei nicht formuliert zu werden.

Aktenvortrag zu Fall 5

„Ich berichte hier über ein Ermittlungsverfahren, welches im Oktober 2009 bei der Staatsanwaltschaft Mönchengladbach anhängig war. Beschuldigter ist Herr Johann Hörmeier aus Mönchengladbach. Die Akte liegt dem zuständigen Staatsanwalt vor, der den Antrag auf Erlass eines Untersuchungshaftbefehls zu prüfen hat.

Folgender Sachverhalt liegt zugrunde:

Am 05.10.2009 gegen 13:00 Uhr betrat der Beschuldigte den Metro-Markt in Mönchengladbach. In der Elektroabteilung nahm er einen tragbaren Discman der Marke Sanyo im Wert von ca. 100 € aus dem Regal und steckte diesen in seine Jackentasche. Nachdem er die Kasse passiert und das Geschäft verlassen hatte, ohne die Ware zu bezahlen, wurde er von dem Verkäufer Wimmer, der den Vorgang beobachtet hatte, angesprochen und gebeten, das Gerät herauszugeben.

Mit den Worten: „Was ich habe, das habe ich" stieß er den Zeugen Wimmer, der dabei eine schmerzhafte Brustprellung erlitt, zu Boden und lief davon. Der Zeuge Wimmer verfolgte den Beschuldigten bis zum Bahnhof, wo dieser sich auf eine Parkbank setzte und mit der Zeugin Goldkamp ein Gespräch begann.

Nachdem Wimmer über Handy die bereits am Metro-Markt eingetroffenen Polizeibeamten Kamps und Köppel zum Bahnhof gerufen hatte, zeigte er diesen den Beschuldigten.

Die Zeugen Kamps und Köppel sprachen daraufhin den Beschuldigten an, der sofort fragte, was man von ihm wolle, er sitze doch schon seit einer Stunde hier und seine Freundin Birgit Goldkamp, die neben ihm sitze, könne dies bestätigen.

Eine einvernehmlich durchgeführte Durchsuchung der Sachen des Beschuldigten führte zu keinem Fund. PK Köppel entdeckte jedoch in einem Gebüsch unmittelbar hinter der Parkbank, auf der der Beschuldigte saß, einen original verpackten tragbaren Discman der Marke Sanyo.

Als der Beschuldigte daraufhin von PK Kamps aufgefordert wurde, mit zur Dienststelle zu kommen, stieß er diesen mit den Händen zu Boden und lief mit den Worten: „Ihr sperrt mich nicht wieder ein" davon. Er konnte jedoch von PK Köppel gestellt werden. PK Kamps wurde durch den Sturz nicht verletzt, der Zeuge Wimmer hat Strafantrag wegen Körperverletzung gestellt.

Dieser Sachverhalt steht fest aufgrund der Angaben der Zeugen Wimmer, Kamps, Köppel und Goldkamp.

Der Beschuldigte, der im Januar 2006 vom AG Viersen wegen Raubes zu einer Freiheitsstrafe von 2 Jahren verurteilt wurde und diese bis zum Sommer 2008 verbüßt hat, ist ledig, derzeit arbeitslos. Seine Wohnung wurde ihm bereits gekündigt. In seiner verantwortlichen Vernehmung hat er eine Tatbeteiligung bestritten.

Ich schlage vor, hinsichtlich des Beschuldigten Hörmeier einen Antrag auf Erlass eines Untersuchungshaftbefehls zu stellen.

Voraussetzung hierfür wäre nach § 112 StPO zunächst das Vorliegen eines dringenden Tatverdachts. Ein solcher liegt vor, wenn aufgrund bestimmter Tatsachen die Wahrscheinlichkeit groß ist, dass es sich bei dem Beschuldigten um den Täter einer bestimmten Straftat handelt.

Meyer- Goßner, § 112, Rz. 5

In Betracht käme hier dringender Tatverdacht wegen eines räuberischen Diebstahls gemäß § 252 StGB z. N. des Metro-Marktes, indem der Beschuldigte dort einen Discman entwendete und anschließend den Verkäufer Wimmer zu Boden stieß.

Der Beschuldigte bestreitet die Tat und gibt an, zur Tatzeit mit der Zeugin Goldkamp zusammen gewesen zu sein.

Diese Einlassung des Beschuldigten ist hinreichend sicher widerlegt. So wurde er zum einen vom Zeugen Wimmer eindeutig als die Person wiedererkannt, die das Gerät einsteckte und ihn später zu Boden stieß. Auch die vom Zeugen Netzer abgegebene Beschreibung des Täters passt zu der Person des Beschuldigten. Hinzu kommt, dass die Polizeibeamten Kamps und Köppel, nachdem ihnen der Zeuge Wimmer den Beschuldigten gezeigt hatte, in unmittelbarer Nähe des Aufenthaltsortes des Beschuldigten einen noch originalverpackten Discman der Marke Sanyo fanden.

Letztlich hat die Zeugin Goldkamp angegeben, dass sie nur kurze Zeit mit dem Beschuldigten gesprochen habe, als auch schon die Polizei erschienen sei. Vorher habe der Beschuldigte noch ein Paket aus seiner Jacke gezogen und in ein Gebüsch geworfen. Die Aussagen dieser Zeugen sind auch glaubhaft, zumal sie sich widerspruchsfrei ergänzen.

Der Beschuldigte ist damit dringend verdächtig, den Diebstahl zum Nachteil des Metro-Marktes begangen zu haben. Auch handelte er mit Zueignungsabsicht, da er die Beute für sich verwenden wollte.

Die Wegnahme war auch bereits vollendet, da es hierzu bei kleineren, leicht transportablen Gegenständen nur des Verbringens in die eigene Kleidung bedarf.

Fischer, § 242, Rz. 18, 53

Hier hatte der Beschuldigte nicht nur den Discman in seine Jackentasche gesteckt, sondern auch die Kasse bereits passiert und das Geschäft verlassen.

Ferner müsste der Beschuldigte, auf frischer Tat betroffen, Gewalt gegen eine Person verübt haben. Hier wurde der Beschuldigte unmittelbar nach der Tat, noch am Tatort, von dem Verkäufer auf den Diebstahl angesprochen. Daraufhin schlug er den Zeugen Wimmer nieder, was sich als Gewaltanwendung darstellt.

Der Beschuldigte handelte dabei auch in der Absicht, sich den Besitz des gestohlenen Discman zu erhalten. Dies folgt schon aus seiner Äußerung gegenüber dem Zeugen Wimmer, unmittelbar vor dem Schlag, als er sagte: „Was ich habe, das habe ich".

Der Beschuldigte ist mithin eines räuberischen Diebstahls gem. § 252 StGB dringend verdächtig.

Weiter besteht dringender Tatverdacht hinsichtlich einer Körperverletzung gemäß § 223 StGB zum Nachteil des Zeugen Wimmer, der durch den Ellbogencheck eine schmerzhafte Brustprellung erlitt. Strafantrag wurde von dem Geschädigten gestellt.

Zudem besteht auch dringender Tatverdacht wegen Widerstandes gegen Vollstreckungsbeamte, § 113 StGB. Der Beschuldigte widersetzte sich der rechtmäßigen Anweisung des PK Kamps, mit zur Dienststelle zu kommen, indem er diesen wegstieß. Damit leistete er zum einen mit Gewalt Widerstand, zum anderen griff er den Polizeibeamten Kamps auch tätlich an.

Zusammenfassend kann festgehalten werden, dass der Beschuldigte eines räuberischen Diebstahls in Tateinheit mit Körperverletzung sowie eines Widerstandes gegen Vollstreckungsbeamte dringend tatverdächtig ist.

Voraussetzung für den Erlass eines Haftbefehls gemäß § 112 StPO wäre weiter das Vorliegen eines Haftgrundes. Hier kommt der Haftgrund der Fluchtgefahr nach § 112 II S.2 StPO in Betracht. Eine solche besteht, wenn die Würdigung der Umstände des Falles es wahrscheinlich macht, dass sich der Beschuldigte dem Strafverfahren entziehen wird.

Meyer-Goßner, § 112, Rz. 17

Hier ist zu berücksichtigen, dass der Beschuldigte seit längerem arbeitslos ist, seine Wohnung in Kürze verlieren und dann ohne festen Wohnsitz sein wird. Insbesondere fällt aber auch ins Gewicht, dass er bereits versucht hat, sich dem Verfahren durch Flucht zu entziehen, wobei er dies auch mit den Worten „Ihr sperrt mich nicht wieder ein" begleitete. Da der Beschuldigte zudem wegen der einschlägigen Vorstrafe für den Fall einer Verurteilung mit einer empfindlichen Freiheitsstrafe zu rechnen hat, ist hier das Vorliegen einer Fluchtgefahr anzunehmen.

Die Anordnung der Untersuchungshaft erscheint auch im Hinblick auf die Höhe der zu erwartenden Strafe und der Schwere der Tat - dem Beschuldigten wird ein Verbrechen zur Last gelegt - nicht unverhältnismäßig, § 112 I S.2 StPO.

Die Voraussetzungen für den Antrag auf Erlass eines Haftbefehls nach § 112 StPO liegen daher vor. Der Antrag wäre beim Amtsgericht Mönchengladbach zu stellen, § 125 StPO i.V.m. §§ 7, 8 StPO.

Abschließend schlage ich daher vor, beim Amtsgericht Mönchengladbach den Antrag auf Erlass eines Haftbefehls gemäß § 112 StPO gegen den Beschuldigten Hörmeier wegen räuberischen Diebstahls in Tateinheit mit Körperverletzung sowie wegen Widerstandes gegen Vollstreckungsbeamte zu stellen."

Anmerkungen zum Lösungsvorschlag

Der Aktenvortrag weist einen mittleren Schwierigkeitsgrad auf. Materiellrechtlich kann der Prüfling einen räuberischen Diebstahl bzw. für den Fall, dass er/sie die Wegnahme noch nicht für vollendet hält, einen Raub annehmen. Die Beweiswürdigung dürfte keine Probleme aufwerfen.

Schwierigkeiten könnten sich jedoch daraus ergeben, dass der Antrag auf Erlass eines Haftbefehls zu prüfen ist. Der Fall zeigt jedoch, dass der Aufbau des Aktenvortrages sich durch diese abweichende Aufgabenstellung nicht ändert, es sind hier lediglich die Voraussetzungen der § 112 ff. StPO zu beachten mit den daraus folgenden Konsequenzen für die jeweiligen Formulierungen.

Fall 6

Polizeiinspektion Osnabrück   15.03.2009
Tgb.Nr.: 2411/09

Strafanzeige

Es erscheint Herr Ralph Renn, geboren am 17.05.1960 in Dortmund, wohnhaft Pagenstecher Str. 27, 49071 Osnabrück, und erstattet Strafanzeige gegen

1.   **POK Thomas Schulz, Polizei Osnabrück**
2.   **PKin Hanna Groß, Polizei Osnabrück**

Er schildert dabei folgenden Sachverhalt:

Heute Morgen, gegen 8.00 Uhr, befand ich mich in der Küche meines Einfamilienhauses, als ich durch das Fenster einen Streifenwagen langsam vor meinem Haus vorbeifahren sah. Der Wagen wendete dann und hielt auf dem Seitenstreifen vor dem Haus an. Die Insassen, die ich als die Beschuldigten bezeichne, schauten ständig zu meinem Haus hin. Darüber war ich sehr verwundert und ging aus dem Haus Richtung Streifenwagen. Ich rief den Beamten dann zu, was das solle. Der Fahrer, POK Schulz, öffnete dann das Fenster und fragte mich, ob ich Ralph Renn sei.

Dies bejahte ich natürlich. POK Schulz erklärte mir dann, dass sie einen Haftbefehl des Amtsgerichts Osnabrück gegen mich vollstrecken müssten. Ich erklärte, dass ich mir keiner Schuld bewusst sei. Als die Beamten dann ausstiegen, erteilte ich ihnen, noch bevor sie mein Grundstück betreten konnten, ausdrücklich Hausverbot für mein Grundstück. Dann drehte ich mich um und ging zum Haus zurück.

Trotz des erteilten Hausverbotes betraten die Beschuldigten meinen Garten, PK Groß hielt mich dann am Arm fest. Auf Nachfrage zeigten sie mir einen Haftbefehl des Amtsgerichts Osnabrück vom 12.03.2009. Darin wurde mir vorgeworfen, am 12.03.2009 nicht zu einer Gerichtsverhandlung erschienen zu sein, zu der ich als Angeklagter ordnungsgemäß geladen worden sei. In der Tat läuft gegen mich ein Strafverfahren wegen Betruges, ich bin aber völlig unschuldig. Das habe ich dem Gericht auch schon schriftlich mitgeteilt. Ich weiß auch nicht, warum die mir nicht glauben und noch eine Verhandlung ansetzen. Die Ladung habe ich auch bekommen, aber an dem Morgen habe ich verschlafen.

Ich habe den Beamten dann erklärt, dass ich den Haftbefehl für Quatsch halte, für so eine Lappalie - einmaliges Verschlafen - müsse man doch nicht in den Knast. Dann habe ich den Griff der POK Groß gelöst und wollte mein Haus betreten. Da packten mich plötzlich beide Beamte an den Händen, hielten diese fest und POK Schulz legte mir Handschellen an. Dabei zog ich mir an den Handgelenken Schürfwunden zu, auch riss mein goldenes Armband durch.

Die Beamten erklärten mir, dass ich in jedem Fall mitkommen müsse. Da ich nun einsah, mich gegen die Obrigkeit nicht zur Wehr setzen zu können, schloss ich mein Haus ab und folgte den Beschuldigten. Diese brachten mich dann im Streifenwagen zum Amtsgericht Osnabrück.

Dort wurde ich dem Richter Oberstall, der den Haftbefehl auch erlassen hatte, vorgeführt. Diesem erklärte ich dann nochmals, dass ich unschuldig bin und den Termin auch nur verschlafen habe. Eine längere Inhaftierung würde mich auch meinen Job kosten.

Richter Oberstall setzte dann den Haftbefehl auf mein Versprechen, zum nächsten Termin am 19.03.2009 pünktlich zu erscheinen, außer Vollzug. Ich durfte nach Hause gehen.

Ich fühle mich von den Beschuldigten zu Unrecht verhaftet und drangsaliert. Das ganze hätte auch ohne Haftbefehl erledigt werden können. Zudem finde ich es unerhört, dass ich quasi auf offener Straße, unter den Augen der Nachbarn, verhaftet wurde und auch noch vom Amtsgericht mit dem Bus nach Hause fahren musste, da die Beschuldigten mich nicht zurückbringen wollten.

Ich stelle Strafantrag aus allen Gründen.

Gez.   KOK Kuschel
Ralph Renn

Polizeiinspektion Osnabrück   22.03.2009

Beschuldigtenvernehmung

Name: Schulz
Vorname: Thomas
Geburtsdatum, -ort: 30.11.1956
Beruf: Polizeibeamter
Wohnhaft: Osnabrück, Schnatgang 25

Nach ordnungsgemäßer Belehrung erklärte der Beschuldigte:

Ich mache unseren Bericht vom 15.03.2009, die Vorkommnisse bei der Verhaftung des Anzeigeerstatters betreffend, zum Gegenstand dieser Vernehmung. Weitere Angabe will ich derzeit nicht machen.

Gez.
Schulz   KOK Kuschel

Polizeiinspektion Osnabrück   22.03.2009

Beschuldigtenvernehmung

Name: Groß
Vorname: Hanna
Geburtsdatum, -ort: 12.09.1967
Beruf: Polizeibeamtin
Wohnhaft: Osnabrück, Natruper Straße 15

Nach ordnungsgemäßer Belehrung erklärte die Beschuldigte:

Auch ich beziehe mich als Einlassung auf unseren Bericht vom 15.03.2009. Weiter möchte ich mich nicht äußern.

Gez.
Groß   KOK Kuschel

Polizeiinspektion Osnabrück   15.03.2009

Einsatzbericht

Am heutigen Morgen gegen 8.00 Uhr suchten wir, POK Schulz und PK ín Groß, das Haus Pagenstecher Straße 27 in Osnabrück auf. Uns lag ein Haftbefehl des Amtsgerichts Osnabrück vom 12.03.2009 gegen Herrn Ralph Renn, wohnhaft unter o.g. Adresse, vor.

Als wir das Haus gefunden und davor geparkt hatten, kam schon ein Mann auf uns zu, der sich später als der Gesuchte Ralph Renn zu erkennen gab. Nachdem wir uns vorgestellt und ihm erklärt hatten, weshalb wir dort seien, erklärte er uns in aggressivem Ton, dass wir sein Grundstück gefälligst nicht betreten dürften. Er machte dann Anstalten, sich wieder in das Haus zu begeben. Um dies zu verhindern, folgten wir dem Gesuchten. PK´in Groß erfasste ihn am Arm und hielt ihn fest. Ich erklärte ihm nochmals den Grund unseres Erscheinens und bat ihn, mit uns zu kommen. Auch zeigte ich ihm eine Ausfertigung des Haftbefehls. Der Gesuchte erklärte jedoch, dass sei alles Quatsch, er sei unschuldig und habe den Termin vom 12.03.2009 nur verschlafen.

Dann riß er sich mit einer ruckartigen Bewegung von PKìn Groß los und begab sich in Richtung Hauseingang. Um zu verhindern, dass sich der Gesuchte entfernt, hielten PKìn Groß und ich ihn nun an den Armen fest, ich legte ihm anschließend Handschellen an, da er immer noch keine Ruhe gab. Nach wenigen Minuten beruhigte er sich dann, wir schlossen sein Haus ab und brachten ihn im Streifenwagen zum Amtsgericht, wo wir ihn dann dem zuständigen Richter Oberstall vorführten.

Dieser setzte den Haftbefehl nach Anhörung des Herrn Renn dann wohl außer Vollzug, Herr Renn verließ das Amtsgericht gegen 9.30 Uhr. Er verlangte von uns noch, dass wir ihn nach Hause fahren sollten, was wir jedoch nicht taten.

Bei dem Anlegen der Handfesseln zerriss ein goldenes Armband des Herrn Renn, da dieser sich der Verhaftung energisch widersetzte und wir daher fest zupacken mussten. Aus diesem Grund erlitt Herr Renn auch zwei kleine Kratzwunden an den Handgelenken, eine ärztliche Versorgung war nach unserer Auffassung nicht erforderlich, wurde von Herrn Renn im Übrigen auch ausdrücklich nicht gewünscht.

Gez.
POK Schulz

Gez.
PK`in Groß

Vermerk

Der Haftbefehl des Amtsgerichts Osnabrück ist formell in Ordnung. Er wurde am 12.03.2009 vom zuständigen Richter Oberstall gemäß § 230 StPO erlassen, da der Anzeige-erstatter Renn zu der Hauptverhandlung gegen ihn in einem Verfahren wegen Betruges am 12.03.2009 trotz ordnungs-gemäßer Ladung unentschuldigt nicht erschienen ist. Die nächste Verhandlung gegen den Angeschuldigten Renn wurde auf den 19.03.2009 terminiert.

Polizeiinspektion Osnabrück   30.03.2009

Verfügung

1. Hier austragen
2. U.m.A.
   an die Staatsanwaltschaft

   zur weiteren Veranlassung nach Abschluss der Ermittlungen.

KOK Kuschel

Staatsanwaltschaft Osnabrück

Eingang: 02.04.2009

Vermerk für den Bearbeiter

Der Sachverhalt ist zu begutachten und die Entschließung der Staatsanwaltschaft ist vorzuschlagen. Straftatbestände außerhalb des StGB sind nicht zu prüfen.

Sollten weitere Ermittlungen für erforderlich gehalten werden, so ist davon auszugehen, dass diese durchgeführt worden sind und keine neuen Gesichtspunkte ergeben haben.

Im Falle einer Anklage braucht der Anklagesatz nicht formuliert zu werden. Es genügt die Angabe, vor welchem Gericht wegen welcher Straftaten Anklage erhoben werden soll. Entsprechendes gilt bei einem Antrag auf Erlass eines Strafbefehls; ein Vorschlag zum Strafmaß ist dabei entbehrlich.

Im Falle einer Einstellung genügt der zusammenfassende Vorschlag, warum und aufgrund welcher Vorschriften das Verfahren eingestellt werden soll.

Die BZR- Auszüge enthalten für beide Beschuldigte keine Eintragungen.

Es ist davon auszugehen, dass sämtliche Formalien in Ordnung sind.

Aktenvortrag zu Fall 6

„Ich berichte hier über ein Ermittlungsverfahren der Staatsanwaltschaft Osnabrück aus dem Jahre 2009. Beschuldigte sind die Polizeibeamten Thomas Schulz und Hanna Groß.

Das Verfahren basiert auf einer Strafanzeige des Herrn Ralph Renn, der folgender Sachverhalt zugrunde liegt:

Am 15.03.2009 gegen 8:00 Uhr suchten die Beschuldigten das Haus des Zeugen Renn auf. Ihnen lag ein Haftbefehl des Amtsgerichts Osnabrück gemäß § 230 StPO gegen den Zeugen Renn vor, der vollstreckt werden sollte. Der Haftbefehl war am 12.03.2009 erlassen worden, da Herr Renn an diesem Tag in einem Strafverfahren gegen ihn trotz ordnungsgemäßer Ladung nicht erschienen war, da er den Termin nach eigenen Angaben verschlafen hatte.

Als die Beschuldigten vor dem Haus des Zeugen Renn parkten, bemerkte dieser den Streifenwagen und begab sich vor sein Haus. Nachdem die Beschuldigten ihm den Grund ihres Erscheinens erklärt hatten, verbot der Zeuge Renn ihnen, sein Grundstück zu betreten. Als der Anzeigeerstatter sich dann wieder zum Haus begeben wollte, betraten die Beschuldigten dennoch das Grundstück, die Beschuldigte Groß erfasste Herrn Renn am Arm und hielt ihn fest.

Nachdem Herr Renn erklärt hatte, dass er den Haftbefehl für Quatsch halte, da er unschuldig sei und er nicht einsehe, für so eine Lappalie wie Verschlafen in das Gefängnis zu gehen, löste er den Griff der Beschuldigten Groß. Um zu verhindern, dass der Zeuge Renn wieder ins Haus zurückkehrte, ergriffen ihn nun beide Beschuldigte. Der Beschuldigte Schulz legte dem Zeugen Renn dann Handschellen an. Dabei zog sich der Anzeigeerstatter leichte Kratzwunden am Handgelenk zu, sein goldenes Armband wurde zerrissen.

Der Anzeigeerstatter gab nun seinen Widerstand auf und wurde von den Beschuldigten dem zuständigen Richter am Amtsgericht Oberstall vorgeführt. Nachdem er dort versprochen hatte, zum nächsten Termin zu erscheinen, wurde der Haftbefehl außer Vollzug gesetzt.

Dieser Sachverhalt beruht auf den Angaben des Anzeigeerstatters, des Zeugen Renn, sowie auf den Einlassungen der Beschuldigten, die auf ihren Einsatzbericht vom 15.03.2009 Bezug nehmen.

Der Zeuge Renn hat gegen die Beschuldigten am 15.03.2009 Strafantrag aus allen rechtlichen Gründen gestellt.

Ich schlage vor, das Ermittlungsverfahren gegen beide Beschuldigte mangels hinreichenden Tatverdachts einzustellen.

Zunächst könnte hier gegen beide Beschuldigte hinreichender Tatverdacht wegen gemeinschaftlicher Nötigung gemäß § 240 StGB bestehen, da sie den Zeugen Renn festhielten und mit dem Streifenwagen zum Amtsgericht brachten. Die Beschuldigten wandten zur Erreichung ihres Ziels - den Zeugen Renn zum Amtsgericht zu bringen - Gewalt in Form physischen Zwanges an, da sie den Anzeigeerstatter festhielten und ihm sodann Handschellen anlegten.

Zu prüfen ist jedoch, ob diese Handlung nicht gerechtfertigt war. Die Beschuldigten sind Polizeibeamte. Ihnen lag ein formell und materiell ordnungsgemäßer Haftbefehl gemäß § 230 StPO vor. Der Zeuge Renn war trotz ordnungsgemäßer Ladung unentschuldigt nicht zur Hauptverhandlung erschienen; da der nächste Hauptverhandlungstermin schon eine Woche später terminiert war, erscheint die Anordnung der Haft auch verhältnismäßig. Unbeachtlich ist hierbei, dass der Zeuge Renn sich unschuldig fühlt. Dies kann erst in der neuen Hauptverhandlung geklärt werden.

Gemäß §§ 36 II, 161 StPO, § 152 GVG waren die Beschuldigten als Polizeibeamte zur Vollstreckung des Haftbefehls verpflichtet und auch befugt.

Der Zeuge Renn versuchte offensichtlich, sich dieser Amtshandlung durch Rückzug in sein Haus zu entziehen, da er den Griff der Beschuldigten Groß löste und sich zu seinem Haus begeben wollte. Die Beschuldigten waren daher entsprechend § 127 II StPO berechtigt, zur Durchsetzung dieser hoheitlichen Vollstreckungsaufgaben den Zeugen Renn festzuhalten und ihm Handfesseln anzulegen. Diese Handlungen erscheinen auch nicht unverhältnismäßig, da andernfalls die Vollstreckung des Haftbefehls aufgrund des Verhaltens des Zeugen Renn nicht möglich gewesen wäre. Der Eingriff in die Freiheitsrechte des Anzeigeerstatters war durch den zu vollstreckenden Haftbefehl vorgegeben.

Das Verbringen des Zeugen Renn zum Amtsgericht beruhte im Übrigen auf der Verpflichtung, den Zeugen Renn nach Vollstreckung des Haftbefehls dem zuständigen Richter vorzuführen, § 115 StPO.

Da das Verhalten der Beschuldigten insoweit gerechtfertigt war, scheidet ein hinreichender Tatverdacht gemäß § 240 StGB aus. Daran ändert auch die Tatsache, dass das Amtsgericht den Haftbefehl später außer Vollzug setzte, nichts, da zum Zeitpunkt der strittigen Handlung der Haftbefehl noch zu vollstrecken war.

Weiter könnte hinreichender Tatverdacht wegen Körperverletzung im Amt, § 340 StGB, bzgl. beider Beschuldigten in Betracht kommen, da der Zeuge Renn anlässlich des Anlegens der Handschellen kleinere Kratzwunden am Handgelenk erlitt.

98

Der objektive Tatbestand dürfte dabei unproblematisch vorliegen. Die Beschuldigten waren hier jedoch zur Vollstreckung und Durchsetzung des Haftbefehls auch befugt, körperlichen Zwang anzuwenden,

vgl. Meyer- Goßner, § 127, Rz. 14

da der Zeuge Renn die Aufforderung, mit zum Amtsgericht zu kommen, offensichtlich nicht befolgen wollte. Auch insoweit war die Handlung der Beschuldigten daher gerechtfertigt, ein hinreichender Tatverdacht entfällt daher.

Gleiches gilt auch, soweit hinreichender Tatverdacht wegen Hausfriedensbruchs, § 123 StGB, in Betracht kommt. Die Beschuldigten mussten zur Vollstreckung des Haftbefehls das Grundstück des Zeugen Renn betreten.

Ein hinreichender Tatverdacht wegen Sachbeschädigung gemäß § 303 StGB - bei der Festnahme zerriss ein Armband des Zeugen Renn - scheitert bereits daran, dass diese Beschädigung einer fremden Sache durch die Beschuldigten offensichtlich nicht vorsätzlich erfolgte, sondern nur versehentlich anlässlich des Anlegens der Handschellen. Eine fahrlässige Sachbeschädigung ist jedoch nicht strafbar.

Insgesamt ist daher festzustellen, dass kein hinreichender Tatverdacht gegen die Beschuldigten besteht. Das Ermittlungsverfahren ist daher nach § 170 II StPO einzustellen. Dem Anzeigeerstatter ist gemäß § 170, 171 StPO ein förmlicher Bescheid mit Begründung zu erteilen. Auch ist der Anzeigeerstatter über die Möglichkeit der Beschwerde gemäß § 172 II S. 2 StPO zu belehren. Die Beschuldigten sind von der Einstellung in Kenntnis zu setzen, da sie als Beschuldigte vernommen wurden, § 170 II S. 2 StPO.

Abschließend schlage ich daher vor, das Verfahren gegen beide Beschuldigte gemäß § 170 II StPO einzustellen."

Anmerkungen zum Lösungsvorschlag

Das Aktenstück hat allenfalls mittleren Schwierigkeitsgrad. Der Kandidat könnte jedoch Schwierigkeiten damit haben, dass hier ein hinreichender Tatverdacht bzgl. zwei Beschuldigter zu prüfen ist.

Im Übrigen sind die Probleme nicht im materiellen Strafrecht zu finden, sondern in den Vorschriften der Strafprozessordnung. Mancher Prüfling mag „zusammenzucken", wenn er die §§ 230, 115 StPO im Aktenstück entdeckt. Ein Blick in die Kommentierung hilft jedoch auch hier weiter.

Dieses Aktenstück soll auch zeigen, dass der Aufbau des Aktenvortrages stets gleich ist, unabhängig davon, ob der Prüfling schließlich eine Einstellung, eine Anklage oder aber den Erlass eines Haftbefehls vorschlagen will.

Fall 7

Rechtsanwalt Tim Wiese
Schaafgasse 12
49074 Osnabrück

1. Vermerk

Es erschien heute Frau Claudia Thees, geboren am 26.02.1973, Schweriner Straße 75 B, 49074 Osnabrück.

Sie übergab ein Schreiben der Staatsanwaltschaft Osnabrück vom 28.09.2009. Die Mandantin will wissen, wie sie auf das Schreiben der Staatsanwaltschaft, welches in Ablichtung zu den Handakten genommen wird, reagieren soll.
Die Mandantin erteilte umfassende Vollmacht. Nach Einsicht in die staatsanwaltlichen Ermittlungsakten soll ein Besprechungstermin vereinbart werden.

2. Wiedervorlage

Osnabrück, 29.09.2009

T. Wiese, Rechtsanwalt

Staatsanwaltschaft Osnabrück　　　　　Johanniswall 8
316 Js 2504/09　　　　　　　　　　　49077 Osnabrück
　　　　　　　　　　　　　　　　　　　28.09.2009

Frau
Claudia Thees
Schweriner Straße 75 B
49074 Osnabrück

Sehr geehrte Frau Thees,

in dem Ermittlungsverfahren gegen Sie zum Nachteil des Christian Tornow habe ich vorbehaltlich Ihrer Zustimmung gemäß § 153 a StPO vorläufig von der Erhebung der öffentlichen Klage abgesehen und werde das Verfahren endgültig einstellen, wenn Sie folgende Auflage erfüllen:

> Zahlung eines Geldbetrages in Höhe von 500 € an die
> Landeskasse.

Falls Sie mit dieser Maßnahme nicht einverstanden sind, teilen Sie dieses bitte umgehend unter Angabe der obigen Geschäftsnummer mit. Andernfalls bitte ich um Erfüllung der Auflage bis zum 02.11.2009.

Sofern Sie die Auflage fristgerecht erfüllen, werde ich das Verfahren endgültig einstellen, so dass Sie wegen des eingangs genannten Vorfalls nicht bestraft werden können.

Sollten Sie die Auflage nicht fristgerecht oder vollständig erfüllen, wird das Verfahren fortgesetzt und gegebenenfalls Anklage gegen Sie erhoben.

Etwaige zivilrechtliche Verpflichtungen oder Ansprüche bleiben durch die Einstellung des Ermittlungsverfahrens unberührt. In einem Wiederholungsfall können Sie jedoch mit einer Einstellung des Verfahrens nicht noch einmal rechnen.

Hochachtungsvoll

Dr. König
Staatsanwalt

Rechtsanwalt T. Wiese
Schaafgasse 12
49074 Osnabrück

1. Vermerk:

Heute habe ich die Ermittlungsakte der Staatsanwaltschaft Osnabrück, 316 Js 2504/09, eingesehen und die nachfolgenden Ablichtungen gefertigt.

Die Mandantin wird morgen zum Besprechungstermin erscheinen.

2. Wiedervorlage zur Besprechung

T. Wiese, Rechtsanwalt, 01.10.2009

Polizeiinspektion Osnabrück   01.08.2009
Tgb-Nr.: 7777/09

Strafanzeige

Es erscheint

Herr Christian Tornow, geboren am 23.10.1983, Weser-straße 23, 49076 Osnabrück,

und schildert folgenden Sachverhalt:

Ich war heuet Mittag gegen 14:00 Uhr bei der Firma Media in Osnabrück. Ich wollte dort etwas einkaufen. Plötzlich wurde ich von einer jungen Frau am Arm gefasst; auf meine Frage nach dem Grund sagte die junge Frau mir, sie sei bei der Firma Media als Detektivin angestellt. Ich hätte aufgrund eines Diebstahls vor ca. 6 Wochen dort Hausverbot, sie selber habe dieses Hausverbot im Auftrag der Geschäftsleitung ausgesprochen.

Obwohl ich sofort sagte, dass wohl eine Verwechslung vorliegen würde, führte die Detektivin mich in ein Büro, wobei sie mich so fest am Arm hielt, dass ich nicht fortgehen konnte, obwohl ich dies wollte, und es mich schmerzte. Ich habe dies der Frau auch gesagt, aber es störte sie nicht. In dem Büro musste ich ca. 30 Minuten warten, bis mein Vater, den ich anrufen durfte, mit meinem Personalausweis erschien. Bei Vorlage des Ausweises stellte sich heraus, dass das Hausverbot meinem jüngeren Bruder Thomas, der mir sehr ähnlich sieht, erteilt wurde.

Das Festhalten am Arm war schmerzhaft, einen blauen Fleck habe ich aber nicht bekommen.

Den Namen der Detektivin kenne ich nicht, mein Vater und ich haben vergessen, danach zu fragen.

Die Frau war ca. 35 Jahre alt, schlank und hatte lange, lockige, blonde Haare. Ich würde sie wiedererkennen.

Ich stelle Strafantrag wegen aller in Betracht kommenden Straftaten.

Watten, KHK   *Tornow*

Polizeiinspektion Osnabrück
04.08.2009
Tgb-Nr.: 7777/09

Vermerk:

Heute suchte ich die Firma Media auf und erkundigte mich bei der Geschäftsleitung nach den dort beschäftigten Detektiven. Aufgrund der Personenbeschreibung des Anzeigeerstatters erklärte man mir, dass es sich bei der gesuchten Person um die Frau Claudia Thees handeln würde.

Nachdem Frau Thees im Büro erschienen war, habe ich sie wie folgt vernommen:

Beschuldigtenvernehmung

Name: Thees
Geburtsname: Feld
Geburtsdatum: 26.02.1973
Geburtsort: Aurich
Staatsangehörigkeit: deutsch
Familienstand: geschieden
Beruf: Kaufhausdetektivin

Wohnort: Schweriner Straße 75 B, 49074 Osnabrück

Nach ordnungsgemäßer Belehrung erklärte die Beschuldigte: Ich möchte aussagen.

Ich traf den Anzeigeerstatter am 01.08.2009 in unserem Geschäft an. Mir war direkt klar, dass es die Person war, der ich kurze Zeit zuvor wegen eines Ladendiebstahls ein einjähriges Hausverbot erteilt hatte. Als ich ihn ansprach und bat, mit in mein Büro zu kommen zwecks Fertigung einer Anzeige, wollte er zunächst nicht folgen. Ich fasste ihn daher leicht am Oberarm.

Da er sich nicht ausweisen konnte, fragte ich ihn nach seinem Namen. Mir war der Name „Tornow" noch in Erinnerung aus der Angelegenheit „Ladendiebstahl". Ich ging daher davon aus, dass es sich um die Person handelte, der ich das Hausverbot erteilt hatte. Von meinem Büro aus rief Herr Tornow dann seinen Vater an, der seinen Ausweis vorbeibrachte. Es stellte sich dann heraus, dass das Hausverbot gegen den jüngeren Bruder Thomas Tornow, der dem Christian Tornow sehr ähnlich sieht, verhängt worden war. Ich habe mich daraufhin bei Christian Tornow entschuldigt, der dann mit seinem Vater das Geschäft verließ.

Geschlossen: gelesen, genehmigt, unterschrieben

Watten, KHK *Thees*

Polizeiinspektion Osnabrück   07.08.2009
Tgb.-Nr.: 7777/09

1. Vermerk:

Bei einem Besuch bei der Familie Tornow habe ich mit dem Bruder des Anzeigeerstatters Christian Tornow, Herrn Thomas Tornow, geboren am 01.11.1984, gesprochen. Dieser bestätigte mir, dass gegen ihn Mitte 2009 bei der Firma Media ein Hausverbot ausgesprochen wurde aufgrund eines Diebstahls.

Es konnte festgestellt werden, dass sich die Brüder Tornow äußerlich sehr ähneln, ich konnte die beiden fast nicht unterscheiden. Thomas Tornow äußerte mir gegenüber, dass er schon häufiger mit seinem Bruder verwechselt worden sei.

2. U.m.A.

der Staatsanwaltschaft Osnabrück

zur weiteren Veranlassung und Entscheidung.

Watten, KHK

Vermerk für den Bearbeiter

1. Die Angelegenheit ist aus anwaltlicher Sicht zu bearbeiten. Dabei sollten auch Überlegungen zur Zweckmäßigkeit des Vorgehens angestellt werden.

2. Begutachtungszeitpunkt ist der 05.10.2009. Ordnungswidrigkeiten sind nicht zu prüfen.

3. Sollte eine Frage für beweiserheblich gehalten werden, so ist eine Prognose zu der Beweislage (z. B. Qualität der Beweismittel) zu erstellen.

4. Werden Anträge an ein Gericht oder eine Behörde empfohlen, so sind diese am Ende des Vortrages auszuformulieren.

5. Die Formalien (Ladungen, Vollmachten, Belehrungen und Unterschriften) sind in Ordnung.

108

Aktenvortrag zu Fall 7

„Ich berichte über eine strafrechtliche Anwaltsberatung des Rechtsanwaltes Tim Wiese aus Osnabrück aus dem Jahre 2009. Mandantin ist Frau Claudia Thees, gegen die die Staatsanwaltschaft Osnabrück ein Ermittlungsverfahren führt.

Die Mandantin möchte beraten werden, ob sie das Angebot der Staatsanwaltschaft zur Einstellung des Ermittlungsverfahrens gemäß § 153 a StPO gegen Zahlung von 500 € an die Landeskasse annehmen soll.

Nach Einsicht in die Ermittlungsakten stellt sich folgender Sachverhalt dar:

Die Mandantin ist als Kaufhausdetektivin bei der Firma Media tätig. Mitte des Jahres 2009 erteilte sie dem Herrn Thomas Tornow mit Billigung der Geschäftsleitung ein Hausverbot, nachdem dieser bei einem Ladendiebstahl betroffen wurde.

Am 01.08.2009 suchte Herr Christian Tornow, Bruder des Thomas Tornow, die Firma Media auf, um dort einzukaufen. Dabei sah ihn die Mandantin, sprach ihn an und bezichtigte ihn des Hausfriedensbruchs. Der Zeuge Tornow erklärte, dass ihm von einem Hausverbot nichts bekannt sei; gleichwohl forderte die Mandantin ihn auf, zwecks Erstattung einer Anzeige mit in ihr Büro zu kommen, zumal Christian Tornow sich nicht ausweisen konnte.

Da dieser nicht mit in das Büro gehen, sich vielmehr entfernen wollte, ergriff ihn die Mandantin am Arm und führte ihn so in das Büro. Nachdem der Vater von Christian Tornow auf telefonische Benachrichtigung dessen Personalausweis zur Firma Media gebracht hatte, stellte die Mandantin fest, dass das Hausverbot tatsächlich gegen Thomas Tornow, der dem Christian Tornow nach Feststellung des

Polizeibeamten Watten sehr ähnlich sieht, ausgesprochen worden war.

Die Mandantin hat den Sachverhalt eingeräumt, jedoch angegeben, den Christian Tornow nur leicht am Oberarm ergriffen zu haben zwecks Zuführung zum Büro. Christian Tornow hat angegeben, durch den Griff am Oberarm Schmerzen verspürt zu haben.

Er hat am 01.08.2009 Strafantrag gestellt.

Ich schlage der Mandantin vor, das Angebot der Staatsanwaltschaft zur Einstellung des Ermittlungsverfahrens gemäß § 153 a StPO nicht anzunehmen, da sie keiner Straftat hinreichend verdächtig ist.

Die Mandantin könnte einer Freiheitsberaubung gemäß § 239 StGB hinreichend tatverdächtig sein, da sie den Zeugen Christian Tornow am Arm festhielt und ihn in ihr Büro führte.

Dem Zeugen Tornow wurde dadurch die Möglichkeit genommen, sich nach seinem Willen fortzubewegen, d.h. er wurde in seiner persönlichen Bewegungsfreiheit beeinträchtigt. Dies geschah auch nicht nur für eine ganz kurze Zeit, da der Zeuge Tornow zumindest bis zum Eintreffen seines Vaters im Büro der Mandantin bleiben musste. Diese handelte auch vorsätzlich, da sie wusste, dass sie den Zeugen Tornow daran hinderte, sich seinem Willen entsprechend fortzubewegen.

Zweifelhaft erscheint jedoch, ob die Mandantin auch rechtswidrig handelte.

Das Verhalten der Mandantin könnte gemäß § 127 I StPO gerechtfertigt sein, wenn sie den Zeugen Tornow auf frischer Tat betroffen hätte.

In Betracht käme bzgl. Tornow nur ein Hausfriedensbruch nach § 123 StGB. Eine solche Straftat liegt hier jedoch nicht vor, da gegen Christian Tornow kein Hausverbot ausgesprochen wurde, er sich also berechtigterweise in den Geschäftsräumen der Firma Media aufhielt.

Fraglich ist indes, ob § 127 StPO eine tatsächlich begangene Straftat voraussetzt.

Nach Ansicht der Rechtsprechung ist für eine Rechtfertigung nach § 127 I StPO das Vorliegen einer tatsächlich begangenen Straftat nicht erforderlich, es genügt vielmehr - wie im Rahmen des § 127 II StPO - ein dringender Tatverdacht,

BGH, NJW 1981, S. 745.

Für den juristischen Laien, den "Jedermann", sei es nahezu unmöglich, in einer Festnahmesituation ein derart sicheres Ergebnis über das tatsächliche Vorliegen einer Straftat zu erlangen, wie es das Gericht erst nach umfangreichen Ermittlungen feststellen kann.

Ein solcher dringender Tatverdacht lag bezüglich Christian Tornow auch vor. Aufgrund der sehr großen Ähnlichkeit des Christian Tornow mit seinem Bruder, gegen den bei der Firma Media ein wirksames Hausverbot bestand, musste die Mandantin davon ausgehen, dass Christian Tornow sich unberechtigterweise in dem Geschäft aufhielt.

Da er sich zudem nicht ausweisen konnte und das Geschäft verlassen wollte vor Feststellung seiner Personalien, lagen aus Sicht der Mandantin die Voraussetzungen des § 127 I StPO vor, da das Festhalten und Verbringen zum Büro auch nicht unverhältnismäßig erscheinen. Die Mandantin hat sich somit nicht gemäß § 239 StGB hinreichend verdächtig gemacht.

Aus dem gleichen Grund scheidet auch ein hinreichender Tatverdacht bezüglich § 240 StGB und § 223 StGB (schmerzhaftes Festhalten am Oberarm) aus, da dieses Handeln der Mandantin ebenfalls noch von § 127 I StPO gedeckt ist,

Meyer- Goßner, § 127, Rz. 14.

Da somit kein hinreichender Tatverdacht gegen die Mandantin besteht, schlage ich dieser vor, das Angebot der Staatsanwaltschaft zur Einstellung gemäß § 153 a StPO nicht anzunehmen und stattdessen die Staatsanwaltschaft schriftsätzlich auf die Rechtsprechung des BGH hinzuweisen mit dem Ziel einer Einstellung gemäß § 170 II StPO."

Anmerkungen zum Lösungsvorschlag

Es handelt sich um einen als eher leicht einzustufenden Aktenvortrag, bei dem jedoch die Aufgabenstellung insoweit Probleme bereiten könnte, als der Kandidat keinen bestimmten Antrag stellen muss.

Ansonsten gleicht auch dieser Vortrag von Aufbau und Darstellung her dem üblichen Aktenvortrag.

Wer entgegen der Ansicht der Rechtsprechung zu dem Ergebnis gelangt, dass eine Rechtfertigung nach § 127 I StPO ausscheidet, da Christian Tornow keinen Hausfriedensbruch begangen hat, müsste das Vorliegen eines Erlaubnistatbestandsirrtums bejahen, so dass das Ergebnis gleich bliebe.

▶ Unsere 📖 Skripten 🗐 Karteikarten 🎵 Hörbücher (CD & MP3)

Zivilrecht

- 📖 Standardfälle für Anfänger 📖 Standardfälle Fortg. (7,9 €)
- 📖 Grundlagen und Fälle BGB für 1. und 2. Sem. (9,90 €)
- 📖 🎵 Standardfälle BGB AT (7,90 €)
- 📖 🎵 Standardfälle Schuldrecht (7,90 €)
- 📖 Standardfälle Ges. Schuldverh., §§ 677, 812,823 (7,90 €)
- 📖 🎵 Standardfälle Sachenrecht (7,90 €)
- 📖 Standardfälle Familien- und Erbrecht (7,90 €)
- 📖 Originalklausuren Übung für Fortgeschrittene (7,90 €)
- 📖 🎵 Basiswissen BGB (AT) (Frage-Antwort) (7 €)
- 📖 🎵 Basiswissen SchuldR (AT) 📖 🎵 SchuldR (BT) (7 €)
- 📖 🎵 Basiswissen Sachenrecht, 📖 🎵 FamR, 📖 🎵 ErbR
- 📖 Einführung in das Bürgerliche Recht (7,90 €)
- 📖 Studienbuch BGB (AT) (9,90 €)
- 📖 Studienbuch Schuldrecht (AT) (9,90 €)
- 📖 Schuldrecht (BT) 1 - §§ 437, 536, 634, 670 ff. (7,90 €)
- 📖 Schuldrecht (BT) 2 - §§ 812, 823, 765 ff. (7,90 €)
- 📖 SachenR 1 – Bewegl. S., 📖 SachenR 2 – Unb. S. (7,9 €)
- 📖 Familienrecht und 📖 Erbrecht (Einführungen) (7,90 €)
- 📖 Streitfragen Schuldrecht (7 €)
- 📖 🎵 Definitionen für die Zivilrechtsklausur (9,90 €)

Strafrecht

- 📖 🎵 Standardfälle für Anfänger Band 1 (9,90 €)
- 📖 Standardfälle für Anfänger Band 2 (7,90 €)
- 📖 Standardfälle für Fortgeschrittene (9,90 €)
- 📖 🎵 Basiswissen Strafrecht (AT) (Frage-Antwort)
- 📖 🎵 Basiswissen Strafrecht BT 1 und 🎵 BT 2 (7 €)
- 📖 Strafrecht (AT) (7,90 €)
- 📖 Strafrecht (BT) 1 – Vermögensdelikte (7,90 €)
- 📖 Strafrecht (BT) 2 – Nichtvermögensdelikte (7,90 €)
- 📖 🎵 Definitionen für die Strafrechtsklausur (7,90 €)

Öffentliches Recht

- 📖 Standardfälle Staatsrecht I – StaatsorgaR (9,90 €)
- 📖 Standardfälle Staatsrecht II – Grundrechte (9,90 €)
- 📖 🎵 Standardfälle f. Anfänger (StaatsorgaR u. GRe) (7,9 €)
- 📖 Standardfälle Verwaltungsrecht (AT) (9,90 €)
- 📖 Standardfälle Polizei- und Ordnungsrecht (7,90 €)
- 📖 Standardfälle Baurecht (9,90 €)
- 📖 Standardfälle Europarecht (9,90 €)
- 📖 Standardfälle Kommunalrecht (7,90 €)
- 📖 🎵 Basiswissen StaatsR I –StaatsorgaR (Fr-Antw.) (7 €)
- 📖 🎵 Basiswissen StaatsR II –GrundR (Frage-Antw.) (7 €)
- 📖 Basiswissen VerwaltungsR AT– (Frage-Antwort) (7 €)
- 📖 Studienbuch Staatsorganisationsrecht (9,90 €)
- 📖 Studienbuch Grundrechte (9,90 €)
- 📖 Studienbuch Verwaltungsrecht AT (9,90 €)
- 📖 Studienbuch Europarecht (12 €) u. 🎵 Basiswissen EuR
- 📖 Staatshaftungsrecht (7,90 €)
- 📖 VerwaltungsR AT 1 – VwVfG u. 📖 AT 2–VwGO (7,90 €)
- 📖 VerwaltungsR BT 1 – POR (7,90 €)
- 📖 VerwaltungsR BT 2 – BauR 📖 BT 3 – UmweltR (7,90 €)
- 📖 🎵 Definitionen Öffentliches Recht (9,90 €)

Steuerrecht

- 📖 Abgabenordnung (AO) (8,90 €)
- 📖 Einkommensteuerrecht (EStG) (9,90 €)
- 📖 Erbschaftsteuerrecht (9,90 €)
- 📖 Steuerstrafrecht/Verfahren/Steuerhaftung (7,90 €)

Sozialrecht

- 📖 Kinder- und Jugendhilferecht (7,90 €)
- 📖 Sozpäd. Diagn.: SPFH & ambul. Hilfen d. KJH
- 📖 Sozialrecht (7,90 €)

Nebengebiete

- 📖 Standardfälle Handels- & GesellschaftsR (7,90 €)
- 📖 Standardfälle Arbeitsrecht (7,90 €)
- 📖 Standardfälle ZPO (8,90 €)
- 📖 🎵 Basiswissen HandelsR (Frage-Antwort) (7 €)
- 📖 🎵 Basiswissen Gesellschaftsrecht (Fra.-Antwort)
- 📖 🎵 Basiswissen ZPO (Frage-Antwort) (7,90 €)
- 📖 🎵 Basiswissen StPO (Frage-Antwort) (7 €)
- 📖 Handelsrecht (7,90 €)
- 📖 Gesellschaftsrecht (7,90 €)
- 📖 Arbeitsrecht (7,90 €)
- 📖 Kollektives Arbeitsrecht (9,90 €)
- 📖 ZPO I – Erkenntnisverfahren (7,90 €)
- 📖 ZPO II – Zwangsvollstreckung (7,90 €)
- 📖 Strafprozessordnung – StPO (7,90 €)
- 📖 Einf. Internationales Privatrecht - IPR (9,90 €)
- 📖 Standardfälle IPR (9,90 €)
- 📖 Insolvenzrecht (8,90 €)
- 📖 Gewerbl. Rechtsschutz/Urheberrecht (8,90 €)
- 📖 Wettbewerbsrecht (7,90 €)
- 📖 Ratgeber 500 Spezial-Tipps für Juristen (12 €)
- 📖 Mediation (7,90 €)

Karteikarten (je 8,90 €)

- 🗐 Zivilrecht: BGB AT/Grundlagen/ 🎵 Schemata
- 🗐 Strafrecht: AT/BT-1/BT-2/Streitfragen
- 🗐 Öffentliches Recht: StaatsorgaR/GrundR/VerwR

Assessorexamen

- 📖 Die Relationstechnik (7 €)
- 📖 Der Aktenvortrag im Strafrecht (7,90 €)
- 📖 Der Aktenvortrag im Wahlfach Strafrecht
- 📖 Der Aktenvortrag im Zivilrecht (7,90 €)
- 📖 Der Aktenvortrag im Öffentlichen Recht (7,90 €)
- 📖 Urteilsklausuren Zivilrecht (7,90 €)
- 📖 Staatsanwaltl. Sitzungsdienst & Plädoyer (7,90 €)
- 📖 Die strafrechtliche Assessorklausur (7,90 €)
- 📖 Die Assessorklausur VerwR Bd. 1 (7,90 €)
- 📖 Die Assessorklausur VerwR Bd. 2 (7,90 €)
- 📖 Zwangsvollstreckungsklausuren (7,90 €)
- 📖 Vertragsgestaltung in der Anwaltsstation (7 €)

BWL & VWL

- 📖 Einführung i. die Betriebswirtschaftslehre (7,90 €)
- 📖 Einführung in die Volkswirtschaftslehre (7,90 €)
- 📖 Rechnungswesen (7,90 €)
- 📖 Marketing (7 €)
- 📖 Organisationsgestaltung & -entwickl. (7,90 €)
- 📖 Internationales Management (7 €)
- 📖 Wie gelingt meine wiss. Abschlussarbeit? (7 €)
- 📖 Ratgeber Assessment Center (9,90 €)
- Irrtümer und Änderungen vorbehalten!

Schemata

- 📖 Die wichtigsten Schemata-ZivR,StrafR,ÖR (12 €)
- 📖 Die wichtigsten Schemata–Nebengebiete (9,90 €)

Irrtümer und Änderungen vorbehalten!

🎵 bedeutet: auch als **Hörbuch** (Audio-CD oder MP3) lieferbar!

Im **niederle-shop.de** bestellte Artikel treffen idR *nach 1-2 Werktagen* ein!